WERNER ABLASS
Mindcrash

GOLDMANN
Lesen erleben

Buch

Kann der Mind zum Diener unseres Lebens werden, statt es zu blockieren oder gar ganz lahmzulegen? Ja, sagt der Bewusstseinstrainer Werner Ablass – wenn wir den Mindcrash erleben, wird die Zwanghaftigkeit der Gedanken gestoppt, das »Plapper-Programm« im Gehirn deaktiviert. Im vorliegenden Buch stellt der Autor zehn erprobte Strategien sowie 100 Denkanstöße vor, die den Mindcrash einläuten können. Sie alle helfen dabei, uns zurück in unseren natürlichen Zustand jenseits falscher Konditionierungen und gesellschaftlicher Parameter zu bringen. Erfolg in allen Lebensbereichen stellt sich dann nicht mehr durch Anstrengung, Therapie oder spirituelle Praxis, sondern ganz von selbst ein.

Autor

Werner Ablass war einige Jahre im Management eines internationalen Unternehmens tätig, ehe er sich 1994 als Managementtrainer und NLP-Master selbstständig machte. Im Jahr 2004 traf er den indischen Advaita-Meister Ramesh Balsekar, der seine spirituelle Entwicklung und seine Arbeit entscheidend prägte. Seither arbeitet er vorwiegend als Autor und Coach, bietet Einzelsitzungen an und veranstaltet sogenannte Mindcrash-Seminare. Weitere Informationen unter www.wernerablass.de

Werner Ablass

Mindcrash

Befreie dich von der Diktatur des Verstandes
und lebe dein wahres Leben

GOLDMANN

Verlagsgruppe Random House FSC® N001967
Das für dieses Buch verwendete
FSC®-zertifizierte Papier
Pamo House liefert Arctic Paper Mochenwangen GmbH.

1. Auflage
Originalausgabe Oktober 2015
© 2015 Wilhelm Goldmann Verlag, München,
in der Verlagsgruppe Random House GmbH
Umschlaggestaltung: UNO Werbeagentur, München
Lektorat: Christina Knüllig
Foto auf Seite 89: Wikimedia Commons, Richard Chambers
CC · Herstellung: cb
Satz: Fotosatz Amann, Memmingen
Druck: GGP Media GmbH, Pößneck
Printed in Germany
ISBN 978-3-442-22094-6
www.goldmann-verlag.de

Für Yannick

Danksagung

Mein herzlicher Dank geht an:
Dr. Michael Wissler, der das Manuskript als Erster las
und dessen Anregungen sich als sehr hilfreich erwiesen,
Hans Mühlebach, Markus Megyeri, Roswitha Braun,
Brigitte Holzmann, Isabel Schneider, Tamara Fromm
für ihr ermutigendes Feedback, Caroline Colsman
vom Goldmann Verlag und Christina Knüllig für die
professionelle Begleitung vom ersten Entwurf bis
zur Vollendung, all meine BesucherInnen,
insbesondere die, die mir nach dem
Coaching ihr Feedback für
dieses Buch zur Verfügung stellten.

Inhalt

Die Welt ist nicht da, um verbessert zu werden.
Auch ihr seid nicht da, um verbessert zu werden.
Ihr seid aber da, um ihr selbst zu sein. Ihr seid da, damit die Welt
um diesen Klang, um diesen Ton, um diesen Schatten reicher sei.
Sei du selbst, so ist die Welt reich und schön! Sei nicht du selbst,
sei Lügner und Feigling, so ist die Welt arm und
scheint der Verbesserung bedürftig.

Hermann Hesse, Politische Betrachtungen,
Gesammelte Werke Bd. 10

Was der Mindcrash bewirkt – und was nicht

Stellen Sie sich für einen Moment vor, jedes Ereignis, das Sie erleben, wäre *in Ihrer Wahrnehmung* genau so, wie es sein soll, ja, sein muss! So dass Sie selbst mit Ereignissen, die Sie spontan frustrieren, schockieren, provozieren, reizen oder wütend machen, nicht mehr im Clinch lägen.

Dabei handelte es sich nicht um einen Glauben, den Sie sich mühsam antrainiert hätten. Die Einstellung beruhte auch nicht auf einfacher Selbstsuggestion, sondern wäre das Ergebnis einer rationalen Überprüfung. Es wäre so selbstverständlich wie Ihr Herzschlag, dessen Sie sich schließlich auch nicht immer wieder neu vergewissern.

Emotional kriegen wir immer dann Probleme, wenn wir uns mit einem Leben beschäftigen, das nur in unserer Phantasie existiert und mit der aktuellen Situation nichts zu tun hat. Sollten Sie glauben, das wäre bei Ihnen nicht oder kaum einmal der Fall, brauchen Sie nur einmal einen halben Tag lang darauf zu achten, wie häufig Sie die Gegenwart mit Ihren Idealvorstellungen abgleichen.

Erlebt nun der Mensch das Leben vor allem als nicht okay, wie es gerade ist, oder so, als würde ihm etwas Entscheidendes fehlen, ergreift ein latentes Gefühl der Unzufriedenheit von ihm Besitz. Unter Umständen wird dieses Gefühl immer kraftvoller und dominanter. Bis hin zur Depression oder zum Burnout! Ob es sich bei dem *gefühlten Mangel* um materielle, emotionale, soziale oder spirituelle Zukunftsphantasien handelt, spielt hinsichtlich der *gefühlten Unzufriedenheit* keine Rolle. Denn diese nährt sich in jedem Fall von hypothetischen Gedanken. Ganz unabhängig davon, wie groß der Wahrheitsgehalt dieser Gedanken auch sein mag, lenken sie in jedem Fall davon ab, das Leben, so wie es ist, zu leben.

Der Zusammenbruch dieser Struktur – der Mindcrash – hat zum Ergebnis, dass der Mind fortan aufhört, es überhaupt nicht mehr fertigbringt, sich mit ungelegten Eiern zu beschäftigen. Weil die Erinnerung an vergangene Situationen oder Zukunftsplanung zuzeiten aber auch hilfreich sein können, heißt das nicht, dass hier ein Totalverbot herrscht. Vielmehr geht es darum, uns von der Zwanghaftigkeit der Gedanken zu befreien, die unserem gelebten Leben durch ständiges Abgleichen mit unseren Phantasien die Energie entziehen und uns schließlich auslaugen. Stattdessen dienen nun die Gedanken der optimalen Funktion im Alltagsleben. Ein durchaus angenehmer und friedvoller Lebensverlauf – innen wie außen – ist die natürliche Folge.

Lassen Sie mich an dieser Stelle klarstellen, dass es sich bei dieser Art der Wahrnehmung nicht um Fatalismus handelt. In weiten Teilen Indiens wird uns das Ergebnis einer fatalistischen Einstellung plastisch vor Augen geführt. Ein funktionierendes Sozialsystem wie bei uns gibt es dort nicht. Doch anstatt ein gesundes Maß an ethischem Verantwortungsbewusstsein auszubilden, besteht vor allem bei dem noch sehr religiös geprägten Bevölkerungsteil die Tendenz, in passiver Resignation zu verharren.

Der Mindcrash, das Ende der nörgelnden Unzufriedenheit im Kopf, soll Sie nicht umpolen. So, wie Sie genetisch und von Ihrer Persönlichkeit her angelegt sind, so bleiben Sie auch dann, wenn in Ihre Wahrnehmung Ruhe und Fokussierung eingekehrt sind, wenn alles, was geschieht, genau so geschehen *muss,* wie es geschieht. Sollten Sie also ein sozial verantwortlicher Mensch sein, wird Sie der Mindcrash mitnichten asozial machen.

Wie ich den Mindcrash erlebte

Ich erlebte den Mindcrash im Juli 2004. Davor jedoch war ich der Diktatur des Verstandes vollständig ausgeliefert. Bis zu meinem 55. Lebensjahr hielt mich der innere Despot in Schach, was mir jedoch – wie den meisten Menschen – nicht oder jedenfalls nur selten bewusst war.

Kurz vor dem Mindcrash, im Frühjahr 2004, war mein erstes Buch erschienen. Innerhalb kurzer Zeit war es zum Bestseller geworden. Bärbel Mohr, die damals noch unter den Lebenden weilte, empfahl es als *Turbobeschleuniger für alle Universumsbesteller, das in keinem Bücherschrank fehlen dürfe.* Die Empfehlung der bekannten Autorin des Buches »Bestellungen beim Universum« pushte die Verkaufszahlen beträchtlich.

Es wird Sie sicher verwundern, wenn ich Ihnen erzähle, dass ich zu dieser Zeit so deprimiert war wie niemals zuvor in meinem Leben. Meine Freunde konnten mich nicht verstehen. *Nun hast du doch den Erfolg, den du dir immer gewünscht hast,* hielten sie mir vor. Und: *Du hast doch ein Buch mit dem Titel »Leide nicht – liebe« geschrieben. Weshalb wendest du eigentlich nicht selber einmal an, was du deinen Lesern empfiehlst?* Die Ironie in ihrem Rat war nicht zu überhören. Einer meiner Freunde meinte, dies sei ein völlig normaler Erschöpfungszustand, den jeder Kreative nach Vollendung seines Werkes erlebe. Doch tief in mir wusste ich, dass weder das eine noch das andere die Ursache war.

Ich praktizierte ja, was ich in meinem ersten Buch »Leide nicht – liebe« empfahl. Das aber hatte mich in jene heftige Depression geführt, die ich ohne die Anwendung dieses Konzepts sicherlich hätte vermeiden* können. Schließlich war ich NLP-Master und hatte daher die Methoden zur zeitweisen Verdrängung unerfreulicher Gefühle perfektioniert. Ich war fähig, mich innerhalb einer Minute in den sogenannten *Moment of excellence* zu versetzen, und kein Mensch, außer vielleicht einem, der mich sehr genau kannte, hätte gemerkt, dass ich kurz zuvor noch frustriert und sorgenvoll war. Nun aber »liebte« ich mich dafür, dass ich so fürchterlich deprimiert war. Und daher konnten die über viele Jahre verdrängten Gefühle aus meiner überaus problematischen Kindheit und Jugend nun endlich hochkochen. Aber wie heißt es so schön? *Wenn du meinst, es geht nicht mehr, kommt von irgendwo ein Lichtlein her!* Und in meinem Fall handelte es sich nicht nur um ein Lichtlein, sondern um einen Scheinwerfer, der mich aus einem Buch des brillanten Advaita-Meisters Ramesh Balsekar** anstrahlte. Bis zu diesem Zeitpunkt kannte ich ihn und seine Lehre nur oberflächlich.

Das besagte Buch heißt »Vom Bewusstsein getroffen«, worin der Meister auf jeder Seite eine Weisheit aus der Sicht des Absoluten darstellt. Das alles traf mich. Mitten ins Herz. Schnell war mir klar, dass ich dem Meister Face-to-Face begegnen musste. Ich cancelte zwei Seminartermine, für die ich als Führungstrainer von einem bedeutenden Unterneh-

---

* In dem Kapitel »Willkommen im Mindcrash – Den Liebesdorn zur Anwendung bringen« werde ich Ihnen die Anwendung und Auswirkung des sogenannten Agape-Konzepts präziser erklären, als mir dies in dem Buch »Leide nicht – liebe« vor 10 Jahren möglich war.

** Ramesh Balsekar (* 25. Mai 1917 in Mumbai; † 27. September 2009)

men engagiert worden war, buchte einen Flug nach Mumbai und saß schon eine Woche später in einem der Vormittagsmeetings, die der frühere, jedoch zu diesem Zeitpunkt schon pensionierte Präsident der Bank of India täglich für Interessierte kostenfrei gab.

Schon am dritten Tag meiner Teilnahme empfahl Ramesh Balsekar mir zu überprüfen, ob ich tatsächlich der Entscheider meiner Entscheidungen sei. Und als ich dies noch am gleichen Abend tat, fiel es wie Schuppen von meinen Augen: Keine einzige Entscheidung an diesem Tag hatte ich wirklich bewusst getroffen. Noch nicht einmal einen Entscheider konnte ich finden.

Von nun an fing ich nicht etwa an, ein neues spirituelles Konzept zu praktizieren. Ich vollzog keinen Paradigmenwechsel. Nein, ich war einfach nur entleert. Der Glaube, der mich lebenslang beherrscht und meinen Mind ähnlich hart und unnachgiebig regiert hatte wie Kim Jong-un das nordkoreanische Volk, war verschwunden, nicht mehr auffindbar.

Wie die meisten Menschen hatte ich geglaubt, der Denker meiner Gedanken, der Entscheider meiner Entscheidungen zu sein. Dabei war es so überaus eindeutig: Es gibt weder einen Denker noch einen Entscheider! Es gibt nur Gedanken und Entscheidungen. Da war kein Denker zu finden, der Gedanken produzierte, es waren vielmehr Gedanken, die aufgrund von Erziehung und Konditionierung einen Denker kreiert hatten. Der Denker war also auch nur ein Gedanke, der sich als Denker aufgespielt hatte. Das war mir jedoch über 50 Jahre lang nicht bzw. nur in Ansätzen bewusst gewesen. Und so konnte der scheinbare Denker ohne Behinderung Gedanken produzieren, die nicht nur angenehme innere Zustände, sondern auch Schuldgefühle, Selbstanklagen, eine vorwurfsvolle Haltung gegenüber anderen Menschen und nicht zuletzt auch Zukunftsangst generierten, und darüber hinaus suggerieren, dass das, was sich an Gedanken formierte, der Wahrheit entsprach.

Wie konnte ich mich angesichts dieser Erkenntnis noch im Clinch mit meiner Vergangenheit befinden? So, wie sich die Dinge ereignet hatten, so und nicht anders *mussten* sie sich ereignen. Niemand konnte etwas dafür. Weder ich noch irgendwer sonst! Wie sehr hatte ich mich verantwortlich gemacht für so manches, was schiefgelaufen war in meinem Leben! Und wie oft hatte ich andere für ihre Fehler beschuldigt und mich dabei innerlich fast aufgerieben. Vorbei. Können Sie sich vorstellen, welch eine gewaltige Last von meinen Schultern fiel?

Zukunftsangst kannte ich natürlich auch. Ich war ja schließlich kein Beamter mit der Zusicherung lebenslanger Bezüge. Ich war selbstständiger Managementtrainer und abhängig von der Auftragslage, dem positiven Feedback der Teilnehmer und dem Wohlwollen meiner Auftraggeber. Mit dem Verschwinden des Eindrucks persönlicher Täterschaft kehrte jedoch das Urvertrauen zurück, das ich während meiner hochproblematischen Kindheit und Jugend fast ganz verloren hatte.

Was genau ist der Mindcrash, und was bewirkt er?

Der Begriff *Mind* umfasst im Englischen weitaus mehr als das Vermögen zu denken, für das wir in der deutschen Sprache den Begriff Verstand verwenden. Mind steht für das menschliche Bewusstsein, das sich als Gedanke, Sinneswahrnehmung, Wille, Gedächtnis und Vorstellungskraft manifestiert. Im Deutschen synonym mit dem Begriff »Geist«. Weil dieser Begriff jedoch auch mit religiösen Vorstellungen von einer Seele, Jenseitserwartungen, ja sogar Gespenstern verknüpft ist, verwende ich lieber den englischen Begriff Mind.

Das Gehirn als Sitz des Minds ist ein Organ wie das Herz, die Lunge, die Leber, der Magen, das Nervensystem. Und es funktioniert daher unter normalen Umständen von unserer Geburt an ebenso optimal und vollautomatisch wie alle anderen Organe in unserem Körper. Niemand muss dem Herzen befehlen zu schlagen oder der Lunge zu atmen. Und ebenso muss niemand die Mind-Funktionen ankurbeln. Wobei sich der Mind ebenso wie der Körper entwickelt und dabei jede Menge Information aufnimmt und speichert. Letztlich bis ans Ende unseres biologischen Daseins.

Der menschliche Mind ist genial! Ein kurzer Blick auf die Errungenschaften menschlicher Kultur und Zivilisation genügt vollauf als Indiz. Ohne den menschlichen Mind würden wir zweifelsfrei noch immer wie die Neandertaler leben.

Da stellt sich freilich die Frage, weshalb gerade dieser so begnadete Mind dem Menschen andererseits so kolossale Probleme bereitet. Zweifelsfrei wäre das Smartphone ohne den menschlichen Mind nicht erfunden worden, andererseits aber vermag er Ängste zu erzeugen, die einen Menschen handlungsunfähig machen können. Es ist der Mind, der es uns erlaubt, Spaziergänge im Weltraum zu machen; den Weg aus Schuldgefühlen, aus Selbstanklage und Opferverhalten zu finden scheint ihm oftmals trotz Therapieversuchen nicht zu gelingen. Der Mind lässt uns Höchstleistungen auf allen Gebieten vollbringen, doch geht es darum, sich eine Niederlage einzugestehen oder auf einen Vorwurf zu verzichten, kann der Mind kleinlicher als ein Erbsenzähler sein. Es war der Mind, der uns die wunderbare Golden Gate Bridge bauen ließ, die »goldene Brücke« indessen zu entwerfen, die uns von Hektik und Rastlosigkeit zu innerer Ruhe und Stabilität führt, steht die Denkmaschine offenbar nicht zur Verfügung.

Warum ist das so? Gibt es dafür einen Grund? Aber ja, den gibt es durchaus. Ich möchte ihn allerdings an dieser Stelle nur kurz anreißen bzw. skizzieren, da wir uns später ohnehin näher mit ihm, vor allem aber mit seinen fatalen Auswirkungen befassen werden.

Hirnforscher sagen uns, dass wir erst ab dem dritten bis fünften Lebensjahr ein persönliches Ich ausbilden. Deshalb sprechen Kinder bis zu diesem Alter von sich und anderen in der dritten Person. *Karin möchte nicht mit Peter spielen! Mama soll zu Karin kommen, Peter ärgert schon wieder Karin.* Übrigens: Auch später im Leben besitzen wir kein persönliches Ich, glauben aber zumeist eisern und beharrlich daran, eins zu besitzen bzw. zu sein. Und genau diese Illusion ist der eigentliche bzw. der tiefere Grund für die massiven Probleme, die der Mind hervorzaubern kann.

Ich wurde als elfjähriger Bub von einem über 60 Jahre alten, zwar sehr freundlichen, jedoch leider auch pädophilen Musiklehrer über einen längeren Zeitraum sexuell missbraucht. Mein Leben lang hatte ich mit diesem »Trauma« immer wieder große Probleme – bis zu dem Zeitpunkt meiner im vorigen Kapitel geschilderten Dekonditionierung der Ich-Illusion, die ich als »Mindcrash« bezeichne. »Crash« übrigens deshalb, weil der Mind in seiner Gewohnheit, ein persönliches Ich vorauszusetzen, während der Dekonditionierung von seinem Kurs abkommt, um schließlich vor den Trümmern seiner lebenslangen Überzeugung zu stehen. Mindcrash bedeutet daher, den mit der Vorstellung eines persönlichen Ichs konditionierten Mind zu verlieren, ihn jedoch unter neuen Vorgaben – dekonditioniert – wieder zu erhalten. Das ist wie Tod und Wiedergeburt!

Als sich in meinem Erleben das persönliche Ich als »angelernte Denkgewohnheit« herausgestellt hatte, war ich nicht mehr in der Lage, dem bereits seit Langem verstorbenen Mann weiterhin einen Vorwurf für sein fraglos schändliches Handeln zu machen. Denn ich erkannte: Was geschehen war, hatte *mit ihm und mir* nur insofern zu tun, als es *durch ihn mit mir* »geschah«. Und mit dieser Klarheit lösten sich meine Anklage und Wut auf. Sinnlos geworden, verstummte sie, und übrig blieb innerer Frieden.

Ist die Ich-Vorstellung de facto als Schimäre durchschaut, findet Leben *prinzipiell* wieder so statt, wie es Kinder vor dem dritten bzw. fünften Lebensjahr erfahren. Also nicht als ein vom jeweiligen Kontext getrenntes bzw. ihm gegenübergestelltes Wesen, sondern inmitten desselben und integriert in denselben. Kinder empfinden wie Erwachsene Freude und Schmerz, sie lachen und weinen, sie erleben Höhen und Tiefen. Mit einem Unterschied zum ich-konditionierten Erwachsenengehirn jedoch: Ihr Mind kennt noch nicht jenes illusorische Zentrum, auf das sich, sobald vorhanden, jede Erfahrung bezieht.

Ohne persönliches Ich ist beispielsweise Verlustschmerz schlicht eine »Erfahrung«, die freilich auch weh tut, doch keinesfalls mehr bedeutet als ein Naturereignis, etwa Platzregen, Blitz, Donner oder Hagelschlag. So etwas passiert eben, und man denkt über nichts anderes nach, als möglichst schnell Schutz vor dem Unwetter zu finden. Mit einem Ich-Bewusstsein ausgestattet, entsteht jedoch der Eindruck: »Ich« erfahre diesen Verlust! »Mir« geschieht dieser Schmerz! Und daran hängen sich in vielen Fällen weitere vom Ich-Bewusstsein ausgelöste Gedanken: Wieso nur geschieht das gerade »mir«? Warum nicht meinem Nachbarn, der hätte es eher verdient! Wieso geht das Schicksal oder Gott ausgerechnet mit »mir« so ungerecht um? Und auf diese Weise wird spontan auftretender Schmerz zu lang anhaltendem Leiden.

Doch Verlustschmerz, existenzielle Angst, Ärger, Zorn, Langeweile, Frustration, Ekel, Verachtung, Scham, im Grunde genommen alle Emotionen, die als physio-psychologisches Phänomen erlebt werden, können auch nach dem Mindcrash erscheinen. Aber es sind kurze Gefühlsaufwallungen in der Situation, keine Endlosschleife negativer und bewertender Gedanken, keine »Mindfuck-Story«, die nur deshalb zum Fortsetzungsroman gerät, weil der Bezug zum illusionären Ich noch nicht gekappt ist. (Was unter einer Mindfuck-Story zu verstehen ist, erfahren Sie im übernächsten Kapitel.)

Nach dem Mindcrash erscheint uns das, was geschieht, als das, was es ist. Alle spirituellen Übungen, die mit dem Ziel praktiziert werden, das Menschsein zu transzendieren, werden überflüssig und enden daher. Denn ohne die imaginierte Vorstellung eines persönlichen Ichs funktioniert unser Leben ebenso reibungslos wie das einer (ich-losen) Biene, einer Ameise, einer Fliege, eines Erdmännchens, eines Hundes, einer Katze, einer Kuh.

Ein vom täuschenden Eindruck des starren Ich-Bezugspunkts befreiter Mind funktioniert aufgrund der fehlenden Reibungsverluste wesentlich effektiver als zuvor. So dass Harmonie und Erfolg auf allen Lebensfeldern im wahrsten Sinne des Wortes *erfolgt* und nicht mehr mühsam durch Methoden der Realitätsgestaltung erarbeitet werden muss, etwa durch: spirituelles Erwachen, Transformation, Channeling, Lichtarbeit, Rebirthing, Out-of-Body-Experience, Rückführung, Chakrareinigung, Meditation, TM, Niederwerfung, Stille-Retreat, Deeksha, Vipassana, Achtsamkeit, Cosmic-Consciousness, Intuitives Reading, Third-Eye-Opening, The-Power-of-Now, Kurs in Wundern, Mantra-Singen, Tantra, Yoga, Zazen und was der spirituellen Spiele mehr sind. Wobei ich mit all diesen Techniken während meiner über 40-jährigen spirituellen Suche selbst experimentierte und erleben durfte, dass keine einzige dieser Techniken den Ich-Bezugspunkt aufzulösen vermochte. Was nach dem Mindcrash im Fokus steht, ist das *Wunder des Menschseins* mit allem, was zu ihm gehört, und ohne alles, was darüber hinaus zu führen verspricht.

Verliere ich beim Mindcrash womöglich den Verstand?

In gewisser Weise schon! Allerdings nur den mit der Vorstellung persönlicher Täterschaft konditionierten Verstand, der für die meisten unserer Probleme verantwortlich ist. Der kriegt freilich die rote Karte und muss das Spielfeld des Lebens verlassen. Doch keine Angst – Sie erhalten Ihren Verstand schon wieder zurück. Allerdings neu eingestellt. Und ich übertreibe nicht, wenn ich sage: Sie werden sich fühlen wie neugeboren! Es ist also ein durchaus profitables Tauschgeschäft.

Menschen, die den Mindcrash erlebten, sind mitnichten Träumer, Phantasten oder gar Schwärmer. Man könnte sie im Gegenteil als höchst realistisch und pragmatisch bezeichnen. Denn sie stehen mit beiden Beinen fest auf dem Boden von Fakten, was freilich noch zu beweisen sein wird. Diese Menschen sind sich lediglich sicher, dass kein aktuelles Ereignis anders sein könnte als so, wie es sich jeweils gerade ereignet. Gleichgültig, ob es als angenehm oder unangenehm empfunden wird. Ob es Vorteile oder Nachteile mit sich bringt. Ob es glücklich macht oder traurig. Ob es zum Erfolg oder zum Misserfolg führt.

Der Mindcrash macht weder töricht noch stumpf. Er macht nur die Idealvorstellungen überflüssig, die wir dem Leben gegenüber hegen und die uns, insbesondere dann, wenn sie sich nicht erfüllen, frustrieren oder über Gebühr belasten. Um ein Bild aus meiner nächsten Umgebung hier im Zabergäu, einem Weinanbaugebiet in Baden-Württemberg, zu bemühen: Der Mindcrash stutzt den Mind so zurecht, wie ein Weinbauer im Frühjahr die Reben zurückschneidet, um ihr Wachstum zu fördern.

Wenn ein Kind lacht und spielt, obgleich es sich in einem Slum, einem Flüchtlingslager oder einem Kriegsgebiet aufhält, wird es keiner für unnormal halten. Wir freuen uns vielmehr darüber, dass es inmitten schwierigster Lebensumstände gut gelaunt spielen kann. Kindern gestehen wir zu, was bei einem Erwachsenen als nahezu geistesgestört gilt.

Könnte es nicht sein, dass uns mit dem Erwachsenwerden lediglich verloren ging, was wir nun für unnormal halten? Wäre es nicht möglich, dass unsere Sicht der Dinge nur auf Konditionierung beruht? »Wie kann man sich nur so und so verhalten?« Und dann folgen die Normen, die unser Gehirn für wesentlich hält. Nicht weil sie wesentlich sind, sondern weil sie uns als wesentlich beigebracht wurden.

Wer den Mindcrash erlebt, wird diese Fragen nicht mehr stellen. Nicht weil er sie nicht stellen dürfte, sondern weil sie unnötig werden. Sie werden nur gestellt, solange uns der sogenannte Mindfuck beherrscht. Und der Mindfuck ist letzlich nichts anderes als Selbstsabotage, weil wir glauben, für alles, was um uns herum geschieht, ausschließlich selbst verantwortlich zu sein und es allein beeinflussen zu können. Solange alles einigermaßen gut läuft, bereitet uns dieser überhebliche Glaube kein Problem. Laufen die Dinge jedoch aus dem Ruder und finden wir kein Mittel zur Gegensteuerung mehr, erheben wir Anklage: uns selbst, anderen Menschen, Gott oder dem Schicksal gegenüber. Dann ist die Frustration komplett. Und das Leben wird uns zur Bürde.

Seelische und körperliche Beschwerden sind die natürliche Folge. Doch das kann sich ändern!

Eins noch sollten Sie wissen, bevor wir in medias res gehen: Ich gebe Ihnen keine Werkzeuge an die Hand, mit denen Sie sich auf dem schnellsten Weg per Knopfdruck verändern können. Denn das ist für das, was ich Ihnen hier vermitteln will, auch gar nicht nötig: Wandlung und Entwicklung finden ohnehin andauernd statt. Sie sind sogar unvermeidbar, wie etwa der Wechsel der Jahreszeiten und natürlich auch das Erwachsenwerden und Altern beweisen. Gerade in dem Versuch, der Wandlungsfähigkeit der Natur nachzuhelfen, liegt die Ursache vieler unserer Probleme. Denn wollen wir anders sein und gar über uns selbst hinausgelangen, liegt das in uns angelegte Potenzial brach. Wir entfernen uns aus unserem natürlichen Zustand und landen zwangsläufig in der Selbstsabotage, die ich – mit Verlaub – als Mindfuck bezeichne. Mit all seinen nachteiligen Folgen.

Wohin die Reise geht

Mit der knappen Darstellung einiger harter Fakten im ersten Abschnitt des Buches möchte ich zunächst die Diktatur des Verstandes in der Politik, der Wirtschaft, der Gesellschaft, der Religion und der Wissenschaft aufdecken. Freilich nicht, um eine Revolution anzuzetteln. Dass dies möglich oder gar unsere Aufgabe wäre, daran glaube ich ebenso wenig wie der Dichter Hermann Hesse, den ich eingangs zitierte.

Mein Wirken gilt dem Individuum. In diesem Fall sind Sie das, geschätzte Leserin, geschätzter Leser. Einige sogenannte Mindfuck-Short-Storys, in denen Sie womöglich Ihre eigene

Lebensgeschichte, wenn nicht komplett, so doch in gewissen Aspekten, erkennen mögen, lenken unseren Blick im zweiten Kapitel auf die individuelle Ebene. Die Geschichten können Ihnen dabei helfen, die Ursache Ihrer Probleme deutlicher als bisher zu erkennen. Sie könnten darüber hinaus jene Betroffenheit erzeugen, die jeder radikalen Veränderung im Leben vorausgeht.

Danach entführe ich Sie in die faszinierende Welt der Nondualität, die Ihnen womöglich noch fremd oder nur als indische Philosophie mit dem unverständlichen Begriff »Advaita« bekannt ist. Nondualität ist eigentlich keine Philosophie, sondern verweist auf die allen Erscheinungen zugrunde liegende Wirklichkeit und primäre Energie, die nichtdual ist. In diese allen Erscheinungen zugrunde liegende Wirklichkeit führt uns der Mindcrash, und aus diesem Grund ist die Information in diesem Kapitel ähnlich nützlich wie das Lesen eines Reiseführers, bevor man ein fremdes Land besucht.

Danach kommen wir zum wohl wichtigsten Abschnitt des Buches: Willkommen im Mindcrash! Und jetzt wird es ernst. Denn jetzt geraten Sie in unbekannte Zonen, die Sie ordentlich verwirren können. Doch das ist gewollt. Nachdem sich die Verwirrung gelegt hat, werden Sie eine neue Klarheit erfahren!

Danach beschreibe ich noch einige Risiken beim Mindcrash, die Sie kennen sollten, wenn Sie sich auf das Wagnis einlassen, den Verstand zu verlieren. Allerdings, wie bereits erwähnt, nur, um ihn frisch und unverbraucht zurückzubekommen.

Im vorletzten Kapitel finden Sie 100 sogenannte Reminder, die Sie binnen weniger Sekunden an das erinnern sollen, was Sie beim Mindcrash erlebt haben und von dem Sie der Mind aufgrund von Gewöhnung und langjähriger Konditionierung womöglich ablenken konnte. Hat der Mindcrash jedoch erst einmal stattgefunden, sind nur noch Reminder nötig, kein weiterer Crash.

Wie die Macht des Mindfucks
ganze Gesellschaften steuert

Es geht mir in diesem Kapitel nicht darum, die ganze Palette der Ungereimtheiten und Absurditäten zu präsentieren, die wir ohnehin täglich und überreichlich durch Funk und Fernsehen dargeboten bekommen. Mein Motiv ist vielmehr, durch einige wenige repräsentative Beispiele den Beweis zu erbringen, wie sehr nicht nur der Einzelne, sondern ganze Gesellschaften von der Diktatur des Verstandes im wahrsten Sinne des Wortes versklavt sind. Vielleicht ist Ihnen das ohnehin bereits klar. Wundern würde es mich nicht.

Was ist nur aus der kühnen Vision des Herrn Trotzki geworden?

Einer der wohl offensichtlichsten, wenngleich auch deprimierendsten Beweise für die fatalen Folgen der Diktatur des Verstandes in der jüngeren Menschheitsgeschichte sind die Gestalten Lenin und Stalin, die aufgrund der an sich brillanten Idee des Herrn Marx, die er in seinem Werk »Das Kapital« niederlegte, zu Massenmördern wurden. Dieser ungünstige »Nebeneffekt« ist übrigens typisch für nahezu alle Revolutionen. Selbst während der Französischen Revolution, die das moderne Demokratieverständnis entscheidend beeinflusste, kamen allein durch die Guillotine immerhin etwa 15 000 Menschen ums Leben.

Man schätzt, dass Stalin etwa 30 Millionen Menschen ermorden ließ. Am Ende der bolschewistischen Revolution, so schrieb Leo Trotzki 1923, werde der »neue Mensch« stehen, nicht nur unvergleichlich, sondern auch »viel klüger und feiner« als der seiner Zeit.

Was ist nun aber aus der kühnen Vision des Herrn Trotzki geworden? Ein rigides System, das die Freiheit der Menschen brutal eingeschnürt hat und schließlich nicht nur politisch, sondern auch wirtschaftlich kollabierte. Die Sowjetunion gibt es bekanntlich seit dem 21. Dezember 1991 nicht mehr. Und in der autoritären Herrschaft von Wladimir Putin werden uns die Spätfolgen dieses menschenverachtenden Systems plastisch vor Augen geführt. Nur weil eine Mädchenband in einer Kirche für genau 41 Sekunden »Krawall« gemacht hatte, wurden ihre Mitglieder zu mehrjährigen Haftstrafen verurteilt. Gegner von Putin wie der Milliardär Michail Chodorkowskij wurden wegen fragwürdiger Delikte angeklagt und ebenfalls ins Straflager verbracht. Die ergangene Amnestie der Regierungskritiker ist jedoch kein Gunstbeweis, sondern ein weiterer Beleg für die Willkür des Staates. Auch die Einverleibung der Krim in die russische Föderation, die den Bruch des Völkerrechts notwendig machte, erscheint wie die Wiederauferstehung der längst tot geglaubten Sowjetunion.

Wie ist es möglich, dass sich eine an sich gute Idee für Gleichheit und Brüderlichkeit in der Praxis als dermaßen kontraproduktiv erwies? Man mag es auf machtgierige, skrupellose Politiker schieben, und man hätte damit sicher recht. Man vergisst dabei die Quelle, aus welcher all diese Politiker schöpfen. Und das ist der Mind. Es ist immer der Mind. Ohne ihn läuft überhaupt nichts. Krieg und Frieden, Wohlstand und Armut, Freiheit und Terror entstehen, bevor sie manifest werden, in unseren Köpfen. Es ist die Diktatur des Verstandes, die Diktaturen hervorbringt. Es ist die Demokratie in den Köpfen, die Demokratien erschafft.

Hunger – nur ein Logistikproblem?

Wie erklären wir uns, dass im Jahr 2014 allein 85 Milliardären das gleiche Vermögen gehört wie der gesamten armen Bevölkerung in der Welt?* Die wohlhabenden Eliten dominieren die wirtschaftlichen Weichenstellungen weltweit. Demokratie wird ausgehebelt, die Reichen können politische Entscheidungen beeinflussen – sowohl in entwickelten wie auch in Entwicklungsländern. Und das beweist: Nicht allein der Kommunismus, der sich in seiner praktischen Umsetzung überall da, wo mit ihm als Staatsform experimentiert wurde, als erfolglos erwies, auch der Kapitalismus versagt. Schon allein deshalb, weil er es möglich macht, dass 85 Menschen auf diesem Globus über genau die Geldmenge verfügen wie die gesamte arme Bevölkerung weltweit. Das sind lt. Weltbank 1,4 Milliarden Menschen bzw. etwa ein Viertel der Weltbevölkerung!

Bekanntlich gibt es genug Lebensmittel auf der Erde. Niemand müsste hungern, wenn Getreide, Reis und Gemüse richtig verteilt wären. Das heißt: Nur weil wir offenbar unfähig sind, ein »Logistikproblem« zu lösen, hungern ca. 870 Millionen Menschen. Das geht aus dem Welthunger-

* Oxfam International Published: 20th January 2014, Wealth of half the world's population now the same as that of tiny elite

index hervor, den die Welthungerhilfe 2014 zum achten Mal veröffentlicht hat.* Nach der Einschätzung der UNO würden 6 bis 7 Milliarden US-Dollar ausreichen, um den Hunger auf der Welt wirksam zu bekämpfen. Diese Summe erscheint geradezu lächerlich, hält man sich vor Augen, dass der Militäretat der USA im Jahr einen finanziellen Aufwand von ca. 700 Milliarden Dollar notwendig macht. Die Verteidigung einer Gesellschaft mit Waffen ist uns also 100 Mal mehr wert als die Versorgung der Weltbevölkerung mit Lebensmitteln.

Wiederum können wir auf die Verantwortlichen dieser Misere verweisen. Und lägen dabei nicht etwa falsch. Schließlich sind sie es, die diese weitreichenden Entscheidungen treffen. Nicht das Wohl des Volkes, sondern Eigennutz, Ausbeutung, Machthunger, Bestechlichkeit, Korruption bestimmen oftmals das politische Handeln. Doch wie kommt jegliches Handeln zustande? Wo lässt sich sein Ursprung finden? Wäre der Mind der Verantwortlichen nicht von eigennützigen Interessen verführt und geblendet, wären auch ihre Entscheidungen andere.

Yes, we can!

Das Problem des skandalösen Hungerproblems liegt nicht etwa in der geringen Wertschätzung der Wohlhabenden gegenüber den Hungernden. Der Mindfuck ist es, der nicht allein Regierende, sondern ebenso auch uns Bürger beherrscht.

Sie glauben mir nicht? Lassen Sie mich Ihnen folgende

* http://www.welthungerhilfe.de/welthungerindex.html

Frage stellen: Welcher Bürger wählt denn bewusst eine Regierung, die ihm persönliche Nachteile bringt? Ist er so selbstlos, dass er sie trotzdem wählt? Ich denke, ich schreibe nichts Falsches, wenn ich behaupte, dass die wenigsten Bürger ein so altruistisches Verhalten an den Tag legen werden. Und weil das die Parteien wissen, müssen sie für ihren Machterhalt Wohltaten versprechen, von denen sie genau wissen, dass sie sie nicht, vor allem nicht alle, einlösen können. Haben Sie jemals einen Wahlkampf erlebt, in dem die Parteien Wahlversprechen abgaben, die hernach samt und sonders eingelöst wurden? Insbesondere was Steuervergünstigungen betrifft. Oder gar eine umfassende Steuerreform, wie sie Guido Westerwelle im vorletzten Wahlkampf ankündigte? Was ist aus der Ankündigung, ja dem Versprechen geworden? Weniger noch als das buddhistische Nichts, durch das der Mensch wenigstens zu »innerem« Reichtum gelangt! Nehmen wir jedoch nicht mehr an Wahlen teil, weil wir angesichts gebrochener Wahlversprechen resignieren, stärken wir die linken und rechten Parteienränder.

Merken Sie was? Es scheint so, als könnten wir dem Mindfuck nicht entrinnen, ganz gleich, wie gut und wertvoll die Absichten sind, die uns leiten. »Demokratie«, sagte Winston Churchill, »ist die schlechteste aller Staatsformen, ausgenommen alle anderen.« Deutlicher könnte das Dilemma, in dem alle politischen Systeme stecken, nicht zum Ausdruck kommen.

Wie groß war die Hoffnung der Menschen, nicht nur in den USA übrigens, als Barack Obama zum neuen Präsident gewählt wurde. *Yes, we can!* Wer hat diesen Wahlkampf-Slogan nicht mehr im Ohr? Wer erinnert sich nicht an die Euphorie, die er auslöste?

Knapp ein Jahr nachdem Obama ins Amt eingeführt war, wurde er mit Vorschusslorbeeren bedacht. Er erhielt den Friedensnobelpreis. So groß war das Vertrauen der Kommission in den ersten Afroamerikaner, der Präsident der Vereinigten Staaten von Amerika geworden war. Die Versöhnung der Gegensätze – das war vielleicht die größte Hoffnung, die Amerika mit der Wahl Obamas verband. »Wir können das Land versöhnen, wir können den Planeten heilen«, so rief er enthusiastisch im Wahlkampf. Doch konnte er seine Wahlversprechen auch halten?

Das Versprechen des Abzugs aller Soldaten aus dem Irak, das Versprechen, Bin Laden zu eliminieren, das Versprechen der Gesundheitsreform konnte er umsetzen. An sein Versprechen, Guantanamo zu schließen, hielt er sich jedoch nicht. »Zwar hat der Friedensnobelpreisträger Obama sein Versprechen eingelöst, die Folterpraktiken der Regierung unter George W. Bush aufzuheben. Transparenz und Rechtstaatlichkeit leiden aber nun auf einem ganz anderen Feld: Abhörskandale im großen Stil oder die Nutzung ferngesteuerter Drohnen sind nur zwei Aspekte.[*] Auch sein Einheitsversprechen zu halten war ihm bisher verwehrt. »Wir sind zusammengekommen, um das Ende der kleinlichen Klagen und falschen Versprechen zu verkünden, der gegenseitigen Beschuldigungen und der abgenutzten Dogmen, die viel zu lange unsere Politik im Würgegriff gehalten haben.« Da machte ihm vor allem die rechtspopulistische Tea-Party einen Strich durch die Rechnung. Wegen einer Gesundheitsreform, deren Nutzen wir in Deutschland und anderen europäischen Staaten seit Jahrzehnten als Standard betrachten. Auch an

---

[*] Spiegel online, Politik, Dienstag, 04.09.2012

sein Klimaversprechen konnte sich Obama bisher nicht halten. »Das angekündigte Klimaschutzgesetz kam bisher nicht zustande. Zwar hatte das Repräsentantenhaus eine Regelung verabschiedet, die den von Obama geforderten Emissionshandel einführen und saubere Energien voranbringen sollte. Doch im Juli 2010 votierte der Senat dagegen – trotz demokratischer Mehrheit.«[*] Und bei einem Gesetzentwurf ist es bislang geblieben.

Immer wieder erwarten wir einen Messias in der Politik. Doch selbst dann, wenn wir bei einem Politiker messianische Züge entdecken, was ohnehin selten der Fall ist, scheitert er am System. In diesem Fall sogar am System der Demokratie! Denn ein demokratisch gewählter Präsident braucht natürlich Mehrheiten. Und kriegt er die nicht zusammen, erweisen sich seine hochfliegenden Pläne und Visionen als bunte Seifenblasen, die zerplatzen.

Liegt der Fehler also im System?

Die Planwirtschaft hat versagt, denn es ist ein System, bei dem eine zentrale Stelle alle Aspekte des Marktes regelt. Sie bestimmt, welche Güter wo von wem hergestellt werden, und sie legt fest, zu welchem Preis die erzeugten Güter auf welchem Markt verkauft werden sollen. So kommt es zu Behinderungen des Wachstums und zur Demotivation der Unternehmen, die in ihren Aktivitäten erheblich eingeschränkt werden. Die freie Marktwirtschaft jedoch, in der

[*] Spiegel online, Politik, Dienstag, 04.09.2012

sich Preise durch Angebot und Nachfrage regeln, hat trotz wesentlicher Vorteile gegenüber der Planwirtschaft auch ihre Tücken. Wie sonst wäre es möglich, dass die Reichen offenbar immer reicher und die Armen immer ärmer werden? Der im Jahre 2013 zum vierten Mal veröffentlichte Armuts- und Reichtumsbericht der Bundesregierung ist der Beweis. »Die Privatvermögen in Deutschland sind sehr ungleich verteilt. So verfügen die Haushalte in der unteren Hälfte der Verteilung nur über gut ein Prozent des gesamten Nettovermögens, während die vermögensstärksten zehn Prozent der Haushalte über die Hälfte des gesamten Nettovermögens auf sich vereinen. Der Anteil des obersten Zehntels ist dabei im Zeitverlauf immer weiter angestiegen.«

Diese Erkenntnis ist auch die Quintessenz des im Jahr 2014 erschienenen, über 1000 Seiten starken Buches des Ökonomen Thomas Piketty mit dem Titel »Capital in the Twenty-First Century«. Der gesellschaftliche Reichtum, so erklärt er, sei zu Beginn des 21. Jahrhunderts nicht anders verteilt als vor hundert oder zweihundert Jahren. Heute wie damals gebe es eine kleine Gruppe extrem reicher Menschen, die über einen gewaltigen Teil aller verfügbaren Einkommens- und Vermögenswerte verfügen, während der weitaus größere Teil der Menschheit wenig mehr besitzt als die Arbeitskraft, die er zu Markte trägt. Der Sozialstaat und die angebliche Nivellierung der sozialen Unterschiede, der Aufstieg der Mittelschicht, die zahllosen politischen Bildungs- und Vermögensinitiativen – all diese Versuche der demokratisch verfassten Industriestaaten, den Reichtum zu verallgemeinern, hätten an den Verhältnissen kaum etwas geändert, und wenn, dann nur für begrenzte Zeit.

Nun mögen Sie mir zu Recht entgegenhalten: Das sind

doch Fehler im System! Was hat das denn mit Mindfuck bzw. der Diktatur des Verstandes zu tun? Die Antwort ist jedoch so simpel, dass wir sie leicht übersehen: Jedes etablierte politische und wirtschaftliche System entsteht ja nirgendwo anders als im Mind. Daher können wir nicht das System verantwortlich machen, sondern den Mind, in dem es entsteht! Wenn ein Baum schlechte Früchte trägt, liegt es nicht an den Früchten, sondern am Baum, sagte Jesus. Ein guter Baum trägt gute und ein schlechter Baum schlechte Früchte.*

Eine grandiose Idee, die im Feinstaub versandet

Ein weiteres Beispiel für die Diktatur des Verstandes ist *Europa*. Wiederum eine großartige Idee, die die einst so zerstrittenen und sich gegenseitig bekriegenden Völker vereinen, die Grenzen öffnen, Frieden und Wohlstand stiften sollte. Was hat diese grandiose Idee jedoch mit dem Wachstum von Porree zu tun? Denn in der EU darf Porree nicht wachsen, wie er will. Nein, mindestens ein Drittel der Gesamtlänge oder die Hälfte des umhüllten Teils muss von weißer bis grünlich-weißer Färbung sein.** Es geht hier jedoch nicht um den ganzen Porree. Denn diese Bestimmung gilt nicht für die Wurzeln und die Blattenden, die abgeschnitten werden dürfen. Wenn die Wurzeln nicht abgeschnitten sind, dürfen sie noch leicht mit Erde behaftet sein. Übrigens: Für Bananen und Gurken normte die EU den idealen Krümmungswinkel. Die Pizza Napolitana darf maximal vier Zen-

* Neues Testament, Matthäusevangelium 12,33
** (EG) Nr. 2396/2001

timeter dick sein und einen Durchmesser von höchstens 35 Zentimetern haben. Fünf Liter Flüssigkeit müssen in einem Kondom Platz finden, mindestens 16 Zentimeter lang muss es sein, berichtet ein Brüssel-Korrespondent des SWR.

Die Feinstaub-Richtlinie ist mittlerweile vielen in Deutschland ein Begriff. Die Brüsseler Beamten formulierten strenge Grenzwerte für die Luftbelastung in den Städten. Europas Städte stellte sie jedoch vor vollendete Tatsachen. Und für meinen BMW 330, Baujahr 2004 gibt es keine Möglichkeit zur Umrüstung. Erhalte ich keine Ausnahmegenehmigung, kann ich das Fahrzeug verschrotten. Die Länder Berlin und Mecklenburg-Vorpommern mussten Gesetze für die Sicherheit von Seilbahnen erlassen. Dabei gibt es dort gar keine Seilbahn. Auf 100 Gramm Mehl fällt laut EU bei Brot ein Gramm Salz. Ansonsten wird das Brot aufgrund seines Nährstoffprofils nicht in die Klasse der grünen, vorteilhaften Lebensmittel eingestuft, sondern fällt in die gleiche Kategorie wie Cola oder Chips. Nicht nur der Pollen- und Wassergehalt muss in Honig klar geregelt sein. Auch die elektrische Leitfähigkeit muss laut EU stimmen: Bei Waldhonig ist das zum Beispiel ein Wert von 0,8 Mikrosiemens pro Zentimeter. Dies sind nur einige, freilich besonders originelle Beispiele für die überbordende EU-Bürokratie.[*]

Gibt es denn aus Ihrer Sicht eine treffendere Bezeichnung als Mindfuck dafür?

* Merkur-Online, 30.06.09

Wo bleibt das Unrechtsbewusstsein?

Nun mag man über die ausladende und kleinliche Bürokratie noch witzeln und kopfschüttelnd lachen. Das Lachen vergeht uns jedoch, wenn wir uns vor Augen halten, welch wahrhaft abscheuliche Formen die Diktatur des Verstandes annehmen kann. »Mehrere Millionen Mädchen in Afrika und Asien müssen jedes Jahr die Beschneidung ihrer Genitalien ertragen. Oft leiden sie danach ein Leben lang. Weltweit sind nach Zahlen des Bundesentwicklungsministeriums rund 140 Millionen Frauen und Mädchen irgendwann in ihrem Leben Opfer der Genitalverstümmelung geworden. Jedes Jahr kommen drei Millionen weitere hinzu. Die Praxis, bei der Mädchen zwischen Säuglings- und Teenageralter oft mit primitivsten Mitteln die äußeren Geschlechtsorgane teilweise oder vollständig entfernt werden, wird von den Vereinten Nationen als Menschenrechtsverletzung eingestuft. Die Wunden entzünden sich oft, viele Frauen werden inkontinent, unfruchtbar oder haben ihr Leben lang Schmerzen beim Urinieren. Von der zerstörten sexuellen Entfaltung ganz zu schweigen. Entgegen der weit verbreiteten Meinung, Genitalverstümmelung sei ein afrikanisches Thema, kommt die Praxis auch in Malaysia, Indonesien sowie im Jemen, Oman und Irak vor. Mal ist die Verstümmelung ein Initiationsritus, mal soll sie Keuschheit und Treue der Mädchen und späteren Ehefrauen garantieren. Oft wird die Verstümmelung mit Verweis auf den Islam praktiziert, obwohl der Koran sie nicht fordert. Egal, wie sie gerechtigt wird: Es handelt sich immer um eine gewaltsame Unterdrückung von Frauen.«*

* Die Welt, 17.09.09

Die Eltern, die ihre Töchter dieser Tortur ausliefern, haben zumeist kein Unrechtsbewusstsein. Wir fragen uns: Wie ist das nur möglich? Dazu befragt man am besten die moderne Hirnforschung. Denn sie kommt zu dem Ergebnis, dass konditionierte Denkmuster im emotionalen Gehirn unser Handeln bestimmen. Der Hirnforscher John Dylan Haynes fand sogar experimentell heraus, dass Entscheidungen bis zu 10 Sekunden vor ihrer Bewusstwerdung von unbewussten Hirnaktivitäten gefällt werden.[*] Wenn daher einem Gehirn von Kindesbeinen an suggeriert wird, Beschneidung sei nicht nur ein normaler, sondern ein unumgänglicher oder gar nützlicher Vorgang, werden die Handlungen einer Person mit einem so konditionierten Gehirn diesem Denkmuster entsprechen. Und zwar ohne dass sie dabei Gewissensbisse empfindet. »Mindfuck!« – Oder gibt es einen passenderen Begriff? Denn wer wollte behaupten, dass sich in der Beschneidung von Frauen irgendein realer Nutzen verbirgt?

Der böse Wulff und die Medien

Am 27. Februar 2014 wurde er freigesprochen. Zuvor wurde er seit Weihnachten 2011 in einer beispiellosen Medienkampagne demontiert. Nun, nach dem Freispruch, sind sich alle darin einig, dass der letzte Bundespräsident der Bundesrepublik Deutschland Fehler gemacht hat, die man je nach Betrachtungsweise auch schwer nennen mag, dass er jedoch keineswegs korrupt ist. Das allerdings hatte man ihm in einem aufwändigen Verfahren vorgeworfen.

[*] http://www.zeit.de/2008/17/Freier-Wille

Wir kennen die Geschichten von Hauskredit, Urlauben mit politischen Freunden und Hotelrechnungen. Warum erwähne ich sie hier? Der Fall Wulff ist nur ein weiteres Beispiel für das, worum es in diesem Kapitel geht: Die Beweisführung nämlich, wie ganze Gesellschaften vom Mindfuck beherrscht werden. Denn wie würden Sie es denn nennen, wenn auf einen rechtschaffenen Mann, den man lediglich unüberlegter, strategisch unkluger, womöglich auch törichter Handlungen beschuldigen kann, eine Hetzjagd beginnt, die schließlich zu seinem Rücktritt als Bundespräsident führt.

Wie lange hat uns die »Affäre« beschäftigt? Zu lange, möchte man meinen. Wie viele Menschen waren damit beschäftigt? Wie viel Energie wurde investiert, die man für andere, wirklich wichtige Projekte hätte einsetzen können? Und last but not least: Wie viel Geld wurde bei all dem verbraten? Nur um am Ende der Jagd festzustellen – ich zitiere den Richter Frank Rosenow im Landgericht Hannover wörtlich: »Es gibt schlicht keine schlagenden Beweise.«

Christian Wulff wurde »uneingeschränkt freigesprochen«. Dafür der bombastische Aufwand? Nein, dafür nicht. Den Schuldspruch erhält wiederum die Diktatur des Verstandes, die in diesem Fall die verfängliche Bezeichnung *Investigativer Journalismus* erhielt.

Das Konzept eines Schöpfers

Wenn das Universum einen Anfang hatte, können wir von der Annahme ausgehen, dass es durch einen Schöpfer geschaffen worden sei. Doch wenn das Universum wirklich völlig in sich selbst abgeschlos-

sen ist, wenn es wirklich keine Grenze und keinen Rand hat, dann hätte
es auch weder einen Anfang noch ein Ende; es würde einfach sein.
Wo wäre dann noch Raum für einen Schöpfer?

Stephen Hawking

Da wäre natürlich noch Raum für die menschliche Phantasie, die sich einen Schöpfer je nach Gusto ausdenkt. Und dem Vorstellungsvermögen sind in dieser Hinsicht keine Grenzen gesetzt. Sonst würde es wohl kaum so viele, sich teilweise diametral widersprechende Gottesbilder geben.

Selbst innerhalb einer schriftlich überlieferten Religion gibt es die verschiedenen Interpretationen der jeweils autorisierten Heiligen Schrift, die oft zu verschiedenen Glaubensgemeinschaften bzw. Sekten führen, von denen sich jede im Besitz der Wahrheit glaubt.

Mir liegt es fern, Gläubige zu brüskieren. Gleichgültig, welcher Religion oder welcher Glaubensgemeinschaft sie angehören. Ich erlaube mir lediglich drei Fragen zu stellen:

1. Weshalb existieren so viele verschiedene Gottesbilder, wenn de facto nur ein Gott existiert?
2. Ist der Allmächtige denn so ohnmächtig, dass er nicht einmal sicherstellen kann, dass der von ihm kreierte menschliche Mind keine falschen Götter erfinden kann?
3. Ist es deshalb nicht wahrscheinlich, dass *alle* Gottesbilder Erfindungen des menschlichen Minds sind?

Wenn dies so wäre, wovon ich ausgehe, wäre die Quintessenz, dass der Mensch nicht als Ebenbild Gottes, sondern Gott als Ebenbild des Menschen geschaffen ist.

Das wäre an sich kein Problem. Wir können uns schließlich auch Außerirdische vorstellen, ohne dass damit ein Unglück einhergeht.

Solange ein Gottesbild Trost spendet, Leid erträglicher oder gar glücklicher macht, spricht nichts gegen eine solche Erfindung. Sollte es jedoch Schuldgefühle und Schuldzuweisungen produzieren, Menschen entzweien, verdammen, die Würde des Menschen antasten, Minderheiten ausgrenzen, ja sogar Feindschaft und Kriege verursachen, würde aus einer segensreichen Erfindung ein Fluch. Und die Geschichte beweist, dass dies noch immer geschieht.

Ich befand mich von den späten Sechziger- bis in die späten Achtzigerjahre in verschiedenen Gruppen christlich-fundamentalistischer Prägung. Nicht nur als Gemeindemitglied, sondern als Fulltime-Prediger. Meine »Bekehrung« hatte in den späten Sechzigerjahren stattgefunden. Das war die Zeit der Jesus-People-Bewegung, die, wie so viele Trends in den USA, wie eine Welle über den Atlantik auf unseren Kontinent herüberschwappte. Damals erschien es durchaus nicht ungewöhnlich, das Evangelium in den gerade erst entstehenden Fußgängerzonen zu predigen. Jeder, der in dieser wilden Zeit meinte, eine Mission zu haben, war auf der Straße. Die APO mit Rudi Dutschke und Rainer Langhans an der Spitze demonstrierte, die Kommunisten verteilten Mao-Bibeln, die kahlköpfigen Krishna-Jünger in ihren orangenen Gewändern sangen Hare Krishna und tanzten, die Anhänger des bärtigen Gründers der sogenannten Transzendentalen Meditation, Maharishi Mahesh Yogi, verteilten mild lächelnd Einladungen zu einem Vortrag mit dem Meister, und wir standen auf umgestürzten Obstkisten und predigten die Leute in den Himmel und in die Hölle, je nachdem, ob sie sich für den Weg ewigen Lebens oder den ewiger Verdammnis entschieden. Das war eine euphorische Zeit, an die ich gern zurückdenke. Weniger gern erinnere ich mich jedoch an die Dogmen, die mich in ein Verhaltenskorsett zwingen sollten, das nur schwerlich auszuhalten war. Ganz besonders schwer fiel es mir damals als noch unverheirateter junger Mann, nicht zu masturbieren. Doch als Unzucht galt jede sexuelle Handlung vor, neben und nach der Ehe. Nur innerhalb der Ehe war Sexualität legitim. Ich schlug mir die Knöchel an der Wand wund, wenn es mir nicht gelungen war, den Trieb zu unterdrücken. Und es gelang mir fast nie.

Romane zu lesen, ins Kino zu gehen, »weltliche« Musik zu hören, Discos zu besuchen oder zu rauchen war zwar keine Sünde und daher nicht verboten, wurde jedoch nicht gerne gesehen. Für einen »siegreichen« Christen gehörte sich das einfach nicht, und wenn man wie ich schon in jungen Jahren vollzeitlich als Prediger arbeitete schon gar nicht. Aber auch wenn der Geist willig ist, ist das Fleisch bekanntlich schwach. Und so entwickelte sich, ohne dass ich es beabsichtigt hätte, ein kräfteraubendes, weil geheim gehaltenes Parallelleben, für das ich mich einerseits schämte, auf das ich jedoch andererseits nicht ganz verzichten konnte. Wie auch? Es handelte sich ja um durchaus normale Interessen und Genüsse, deren Verbot ich heute lächerlich und absurd finde.

Und schon wieder haben wir einen schlagenden Beweis für unsere These, dass der Mindfuck ganze Gesellschaften steuert. In den USA sind religiöse Gemeinschaften wie die eben beschriebene durchaus nicht ungewöhnlich. Die sogenannten »Evangelikalen« in den USA werden auf ungefähr 80 Millionen geschätzt. Das sind immerhin ca. 26 Prozent der Bevölkerung.

Es scheint so, als könnten wir uns, egal wie großartig eine Idee auch erscheint, nie davor bewahren, dass sie letztlich zum Mindfuck gerät. Oder wie würden Sie die Ursache nennen, die zu den Kreuzzügen, der Inquisition, den Hexen-verbrennungen, der Diskreditierung von Schwulen und Lesben und nicht zuletzt auch zu den von der Idee des Dschihad motivierten Terroranschlägen führt? Denn der Dschihad ist ein Grundgebot des Islams und religiöse Pflicht jedes Gläubigen.

Wissenschaft – auch nur ein Glaube

Weil Wissenschaft auch nur eine Annahme oder ein Glaube ist, sprechen Wissenschaftler von der Urknall-THEORIE, der Evolutions-THEORIE, der Quantenfeld-THEORIE, der Vielteilchen-THEORIE, der String-THEORIE. Es sind samt und sonders Modelle, die die Wirklichkeit zu beschreiben versuchen, jedoch nicht die Wirklichkeit selbst sind.

Vielleicht kann man sagen, dass seit Darwins Forschungsergebnissen der Glaube an den Schöpfergott durch den Wissenschaftsglauben ersetzt worden ist. Freilich längst nicht in allen Menschen auf dem Erdenrund. Religiöse Menschen stehen dem Wissenschaftsglauben seit jeher und noch immer skeptisch gegenüber. Er trug jedoch wesentlich zur Säkularisierung insbesondere der westlichen Welt bei.

Bei all den wissenschaftlichen Theorien handelt es sich jedoch um Spekulationen. Kein ernstzunehmender Wissenschaftler würde dies verneinen.

Dennoch hat der Wissenschaftsglaube seit Darwin eine rasante Entwicklung zu verzeichnen. Die Evolutionstheorie wurde lediglich zu einem Ersatz für den Schöpfergott. Denn das Mysterium Leben vermag diese Theorie ebenso wenig zu klären, wie die Schöpfungsgeschichte es kann. Noch immer bleibt nämlich die Frage offen, wie und auf welche Weise es zum Urknall kam und wie es möglich sein konnte, dass sich aus der ursprünglichen Singularität Materie, Raum und Zeit entwickeln konnten. Und so bleibt uns die uralte Frage: »Was war zuerst da – Huhn oder Ei?«, trotz aller wissenschaftlichen Erkenntnis erhalten.

Es liegt mir fern, wissenschaftliche Forschung als Mindfuck zu bezeichnen. Zweifelsfrei jedoch führt der Wissenschaftsglaube nicht aus ihm heraus. All die Versuche, Wirklichkeit im Mind zu erfassen, müssen schon deswegen scheitern, weil er nur ein Teil der Wirklichkeit ist und sie daher unmöglich zu transzendieren vermag.

Aus diesem Grund kann es nur Theorien über den Ursprung und die Entwicklung des Universums geben. Das gilt freilich auch für die verhältnismäßig neue Theorie, dass wir womöglich in einem holografischen Universum leben.

Hologramme sind Aufnahmen eines Objekts, die meist mittels Laserlicht erzeugt werden. Der Laserstrahl tastet das Objekt ab, die gewonnene Information wird in Form eines Beugungsgitters auf einer zweidimensionalen Fläche gespeichert, etwa einer fotochemisch behandelten Glasplatte. Wird ein zweiter gleichartiger Laserstrahl auf dieses Gitter gerichtet, entsteht ein dreidimensionales Abbild des Ursprungsgegenstandes.

Die Theorie vom holografischen Universum überträgt dieses Prinzip auf den ganzen Kosmos. Sie wurde unter anderem von dem gelähmten britischen Physiker Stephen Hawking entwickelt. Lassen sich Informationen aus höheren Dimensionen in Gebilden niedrigerer Dimension kodieren, argumentiert er, könnten auch wir Menschen vierdimensionale holografische

Schatten sein, erzeugt durch das Geschehen in einer höherdimensionalen Welt.[*]

Sind wir uns bewusst, dass es sich bei den Ergebnissen wissenschaftlicher Forschung, die sich mit dem Ursprung des Universums beschäftigt, nur um Theorien handelt, können wir mit ihnen »spielen«. Wird aus ihnen jedoch ein Glaube bzw. eine Überzeugung oder Weltanschauung, lässt der Mindfuck erneut herzlich grüßen.

Wieso? Nun, weil er zu dem überheblichen Glauben verleitet, Bescheid zu wissen. Und Wissen verhindert das Staunen. Schauen Sie doch wieder einmal in unwissende, dafür aber staunende Kinderaugen. Dann wissen Sie, was ich meine.

Sexomania

Das Wort *Mania* kommt aus dem Griechischen und bedeutet so viel wie Raserei oder Wahnsinn. Sex ist natürlich kein Wahnsinn im pathologischen Sinn, wenngleich man ihn in der Erinnerung an großartige Orgasmen als »Wahnsinn« im positiven Sinn bezeichnen mag. Sex sichert vielmehr das Überleben der Art, und den meisten Menschen bereitet er darüber hinaus großes Vergnügen. Was jedoch aus ihm wurde, ist Sexomania. Und die als pathologisch zu bezeichnen, scheue ich mich nicht.

»Wie oft in der Woche hast du Sex mit deinem Partner?« Wurde Ihnen diese Frage nicht auch schon einmal gestellt?

[*] http://www.focus.de/wissen/weltraum/odenwalds_universum/frage-von-karlheinz-mayrhoefer-kann-es-sein-dass-wir-in-einem-holografischen-universum-leben_aid_377693.html

Zum Beispiel, als bei der letzten Party der Alkoholspiegel stieg? Wer unter dreimal pro Woche liegt, hat in unserer Gesellschaft offensichtlich ein Partnerproblem. Und wer im besten Fall einmal pro Monat mit seinem Partner schläft, dessen Ehe wird wohl nicht lange halten. Sex wird zum Maßstab für Liebe gemacht. Als ob Sex und Liebe zwingend etwas miteinander zu tun hätten. Ich liebe schließlich auch meinen Hund, ohne eine sexuelle Beziehung mit ihm zu unterhalten.

Wissen wir nicht alle aus Erfahrung, dass »guter Sex« nicht zwingend von einer Herzensbeziehung abhängig ist, sondern ganz im Gegenteil genau dann besonders »geil« ist, wenn keine besteht? Und lehrt uns die Erfahrung nicht ebenso, dass eine Herzensbeziehung mitnichten von der Quantität sexueller Aktivitäten abhängig ist? Woher aber kommt denn dann die »Mania« beim Sex? Woraus generiert sich der pathologische Wahnsinn?

Ob Religion oder Sex, sobald der Mind mitmischt und schließlich diktiert, was richtig und falsch ist, wird beides zum Wahnsinn. Es geht mir wahrhaftig nicht darum, den moralischen Zeigefinger zu erheben. Sex ist in meiner Wahrnehmung kein möglichst lustloser Zeugungsakt in der Missionarsstellung, wie etwa bei den Pietisten.

Der Mind macht aus dem natürlich-animalischen Begehren ein moralisches Konzept. In fundamentalistisch-religiösen Kreisen wird er zum reinen Zeugungsakt degradiert. Die Lust wird zwar toleriert, wirkt jedoch im Kontext der religiösen Lehren eher geduldet als ohne Wenn und Aber gestattet. Wobei die Ehe die einzige Instanz ist, in der Sex überhaupt eine Berechtigung hat. Außerhalb jener ist Sex in jeder Form Unzucht, wozu natürlich auch Masturbation gehört.

»Der Schöpfer selbst … hat es so eingerichtet, dass die Gatten bei dieser [Zeugungs]funktion Lust und Befriedigung des Leibes und des Geistes erleben. Somit begehen die Gatten *nichts Böses*, wenn sie diese Lust anstreben und sie genießen. Sie nehmen das an, was der Schöpfer ihnen zugedacht hat. Doch sollen die Gatten sich innerhalb der Grenzen einer angebrachten Mäßigung halten.«[*] Wo bleibt bei solcher Maßregelung und Einschränkung beim Sex eigentlich der Spaßfaktor?

In der Welt außerhalb der Kirche pervertiert der Mind Sex auf andere Weise. Es beginnt bereits während der Pubertät. Bist du mit 15 noch »Jungfrau«, wirst du belächelt. Das ist ja wohl nicht normal! Sex ist hier zum Leistungsprinzip verkommen, bei Jugendlichen nicht weniger als bei Erwachsenen.

Nicht nur in Frauenmagazinen werden absurde Schönheitsideale gezeigt und unrealistische Lebenstipps gegeben, in Männermagazinen sieht es kein Stück besser aus. Der Mann von heute ist immer geil, immer fit, immer cool und flirtet jede ins Bett.

Schauen wir uns um in der Welt. Sexomania ist wie eine Epidemie, die weltweit die Gehirne von Männern und Frauen befallen hat. Frauen müssen dem Schönheitsideal der Magazine entsprechen. Und Männer müssen, wenn sie denn richtige Männer sein wollen, allzeit bereit sein.

30 Millionen Mal hat sich das Buch »Shades of Grey« in einem Jahr verkauft. Der Roman handelt von einer Studentin, die sich einem Milliardär hingibt, sich fesseln und quälen lässt. Damit hat die Lektüre selbst die bedeutende Verkaufs-

[*] Pius XII., Ansprache vom 29. Oktober 1951

zahl der Bibel von 20 Millionen im Jahr überflügelt. 15 Millionen Exemplare wurden davon in Nordamerika verkauft, die Rechte gingen in 37 Länder, die Filmrechte waren Millionen wert. Sexomania ist allgegenwärtig. In der Literatur. In der Kunst. In Magazinen und Filmen sowieso. Vor allem jedoch in den kleinen grauen Zellen. Glaubt man einer Sexstudie der Universität von Ohio, dreht sich bei Männern jede Stunde einmal alles um Sex.*

Haben Sie schon einmal Sex aus *neutraler Perspektive* betrachtet? Nicht gerade einfach, ich weiß es aus eigener Erfahrung. Denn die Assoziation, die beim Betrachten sexueller Handlungen ausgelöst wird, lässt nicht einmal einen Eunuchen unbeteiligt. Ich empfehle dennoch einen Versuch. Der geht so:

Befriedigen Sie zunächst einmal Ihre womöglich gerade vorhandene sexuelle Lust durch Masturbation und sehen Sie sich je nach Ihrem persönlichen Geschmack »anschließend« einen erotischen Film oder Porno an. Versuchen Sie sich ihn so objektiv wie möglich anzuzusehen. Also ganz so, als sähen Sie zum ersten Mal, wie Menschen sich beim Sex verhalten. (Direkt nach der Lustbefriedigung sollte das nicht gänzlich unmöglich sein.) Achten Sie besonders auf die verschiedenen Bewegungsabläufe und Praktiken, weniger auf das, was Sie beim Zusehen empfinden. Also entweder Lust oder Ekel. Ich müsste mich schon sehr täuschen, wenn Sie Sex-in-Aktion nicht ebenso ulkig oder drollig empfinden würden wie ich.

Sex ist ohne Mindfuck nicht manisch, sondern ein natür-

* http://www.bild.de/unterhaltung/erotik/lust/maenner-denken-sex-17765676.bild.html

49

liches Bedürfnis wie Essen und Trinken, das entweder durch Masturbation oder im Geschlechtsverkehr Befriedigung erfährt. Sexomania dagegen entsteht ausschließlich dann, wenn der Mind vom Diktat religiöser Verbote und/oder gesellschaftlicher Normen dominiert wird.

Liegt's denn an mangelnder Intelligenz?

Ist denn der Mensch wirklich um so viel dümmer als die Biene, die Ameise, das Erdmännchen oder der Lachs? Denn innerhalb jeder Tierart, über welcher der Mensch als Krone der Schöpfung zu stehen, ja, über welche er sogar zu regieren glaubt, funktioniert das Zusammenleben nahezu reibungslos. In der Welt des Homo sapiens jedoch funktioniert es oftmals gar nicht. Nicht nur am Maidan in Kiew war ab dem November 2013 für etwa ein viertel Jahr die Hölle los. Auch im Nahen Osten sterben immer noch unschuldige Menschen durch Selbstmordattentate oder die Terrororganisation IS. Israel und Palästina liefern sich seit dem Bestehen Israels sinnlose Rachegefechte und finden einfach nicht zu einem stabilen Friedensabkommen. Selbst in dem friedliebenden Thailand kam bei dem Aufstand gegen die thailändische Premierministerin Yingluck Shinawatra in den Jahren 2013 und 2014 Waffengewalt ins Spiel, und Menschen starben.

Ich bin kein Historiker. Soweit mir bekannt, gab es jedoch auf diesem Planten niemals einen Zeitraum, in dem es nicht irgendwo auf der Erde Krieg gab. Dass Artgenossen getötet werden, kennt auch die Tierwelt. Dies ist ein stammesgeschichtlich altes, im Tierreich weit verbreitetes Verhalten, das unter anderem die Ernährung unter schwierigen Umweltbedingungen gewährleisten und den eigenen Fortpflanzungserfolg optimieren kann. Das massenhafte Töten fremder Artgenossen unter Einsatz von Waffen oder das Töten aus Lust am Töten bleibt allerdings dem Menschen vorbehalten – ein recht zweifelhaftes Alleinstellungsmerkmal.

Ich frage deshalb: Warum funktioniert der Ameisenstaat? Warum bekämpfen sich Bienen nicht untereinander? Weshalb zetteln Termiten keine Revolution im eigenen Volk an? Weshalb sind die manchmal auch blutigen Kämpfe der Hirsche nach der Brunftzeit vorbei? Weshalb gibt's unter allen anderen Tierarten keine Rachegelüste? Und auch keine Machtansprüche, die über den Schutz des Rudels und die Sicherung des Überlebens der Art hinausgehen?

Kann der Grund darin liegen, dass Tiere womöglich nur »instinktiv« handeln? Diese Annahme ist bewiesenermaßen falsch. Buschhäher wissen, dass ihre Artgenossen Diebe sind und dass eingelagertes Futter faulen kann; Schafe erkennen Gesichter; Schimpansen stochern mit angepassten Werkzeugen in Termitenbauten und benutzen sogar Waffen für die Jagd; Delfine ahmen die Körperhaltung von Menschen nach; Schützenfische lernen durch Beobachten erfahrener Artgenossen, wie man mit einem Wasserstrahl aus dem Maul gezielt Insekten aus den Büschen schießt.

In ihrer privaten Forschungsstation untersucht die Zoologin Alice von Auersperg eine der klügsten Vogelarten der Welt: Kakadus. Das Forschungsziel ihres Experiments: herauszufinden, ob Kakadu Mickey dazu in der Lage ist, ein technisches Problem zu lösen. Er soll fünf Schlösser öffnen, um an eine Futterbelohnung zu gelangen. Die Schwierigkeit: Die Schlösser sind verschieden und blockieren sich gegenseitig. Mickey kann das Problem nur lösen, wenn er eine genaue Reihenfolge beim

Öffnen einhält. Mickey muss also das Problem begreifen und über mechanische Geschicklichkeit und Ausdauer verfügen. Das Experiment zeigt: Mickey beginnt zielstrebig mit Ausprobieren. Wissenschaftler nennen das »affordance learning«, bei dem die Gebrauchseigenschaften eines Objekts wahrgenommen werden. Dabei geht Mickey mit Geduld, Neugier und Phantasie vor. Ist erst die Schraube mit viel Durchhaltewillen gelöst, stellen die anderen Schlösser für ihn kein Problem mehr dar. Doch hat Mickey die Wirkweise der Schlösser wirklich verstanden? Oder hat er die richtige Reihenfolge nur auswendig gelernt?

Die Dokumentation zeigt an vielen solcher Beispiele, dass die Unterschiede zwischen Menschen und Tieren im kognitiven Bereich immer mehr schwinden. Der Schweizer Philosoph Dominik Perler spricht angesichts der aktuellen Forschungsergebnisse den Tieren sogar Geist zu.

Und der Neurobiologe und Philosoph Gerhard Roth kommt gar zu einem radikalen Urteil: »Unser Menschenbild ändert sich aus diesen Erkenntnissen heraus dramatisch. Erst mal ist das, was viele befürchtet haben, richtig – wir sind nicht die Krone der Schöpfung, in keiner Weise. Selbst wenn wir sagen können: Wir sind die Intelligentesten – ob wir auch die Klügsten sind, ist eine andere Frage.«[*]

Das ist offenbar nicht der Fall. Denn keine einzige Rasse ist fähig, sich selbst zu sabotieren. Die Diktatur des Verstandes mit dem Ergebnis der Selbstsabotage ist offenbar der intelligentesten Rasse unter allen anderen Tierrassen vorbehalten. Weshalb sie auch in weiten Teilen das Weltgeschehen beherrscht.

---

[*] http://www.wdr.de/wissen/wdr_wissen/programmtipps/fernsehen/13/10/15_2100_w.php5?start=1382176800

Das Paradies auf Erden

Wer würde nicht gern das Paradies auf Erden erleben? Keine Kriege mehr, keine Folter, keine Brutalität, keine Korruption, kein Mord, keine Vergewaltigung, kein Hunger, keine Aggression, keine Kinderarbeit, keine Umweltverschmutzung.

Das Streben nach vollkommener Harmonie ist im Menschen angelegt, und es entspricht seiner wahren Natur. Die Frage ist nur, ob es sich zu erfüllen vermag.

Greenpeace, Brot für die Welt, SOS-Kinderdorf, Rotes Kreuz, Ärzte ohne Grenzen, Menschen für Menschen und viele andere Organisationen bemühen sich seit Jahrzehnten auf den verschiedensten Feldern um eine bessere und gerechtere Welt. Die UNO wurde bereits 1945 mit dem Ziel der Wahrung von Weltfrieden und internationaler Sicherheit geschaffen. Unbestreitbar hat die UNO zur Entschärfung von Konflikten beigetragen. Die entscheidende Frage, die sich mir stellt, ist jedoch, weshalb die Welt keinen »grundlegenden« Wandel zum Guten, Wahren und Schönen erfährt? Wie kann es möglich sein, dass sich fast jeder Mensch nach dem Paradies auf Erden sehnt und doch keine Generation es bislang erschaffen konnte?

Freilich könnte man mutmaßen, die Evolution entwickle sich zur vollkommenen Blüte und die Zeit sei dafür einfach noch nicht reif. Wie könnte man beispielsweise von China einen so radikalen Wandel zu Demokratie und Wahrung der Menschenrechte erwarten, wie ihn beispielsweise Deutschland nach dem Zweiten Weltkrieg vollzog? Jedoch beweist nicht gerade Deutschland, dass die Möglichkeit dazu durchaus besteht? Weshalb sollte das, was hier möglich war, nicht auch in anderen Ländern der Erde geschehen, wenn die Zeit dafür reif ist? Regiert der Mind, kommt der Mensch nicht zur Ruhe. Stets wird er bemüht sein, Krummes gerade, Holpriges eben, Saures süß zu machen. Doch weil das nicht gelingen kann, wie später noch zu beweisen sein wird, stößt er ständig an seine Grenzen – die Grenzen der Dualität, die das Leben jedoch bedingen. Es ist zum Verzweifeln. Im nächsten Kapitel widmen wir uns deshalb der Quelle allen Übels, dem Mindfuck, wie wir ihn individuell erfahren.

Unser täglich Mindfuck gib uns heute: Was unser Denken antreibt

Womöglich erkennen Sie sich in einer der nachfolgenden Mindfuck-Short-Storys wieder. Verdammen Sie sich deshalb nicht. Jede Geschichte, die den »persönlichen« Mindfuck zutage fördert, bringt den Vorteil, nicht in ihm stecken bleiben zu müssen. Denn sobald Sie den Mindfuck als solchen enttarnt haben, sind Sie bereit für den Mindcrash. Nachdem Sie sich womöglich in der einen oder anderen Geschichte wiedererkannt haben und nur allzu gern wissen möchten, wie Sie sich aus der Diktatur des Verstandes befreien können.

In der Mehrzahl der nun folgenden Storys geht es um die Partnerbeziehung. Und wer wüsste nicht aus eigener Erfahrung, wie stark gerade ihr Einfluss auf unsere Erfahrung im Alltag und unsere Gedankenwelt ist. Es würde mich daher nicht wundern, wenn Sie ganz ähnliche Lebensgeschichten zu erzählen hätten.

Der perfekte Verdränger

»Ich führe nicht nur eine gute, ich führe eine phantastische Ehe!« Rolf erzählt es jedem, der es hören, und auch jedem, der es nicht hören will. Dabei ist er schon seit über 10 Jahren verheiratet. Abnutzungserscheinungen aber scheint Rolf nicht zu kennen. *Wir lieben uns wie am ersten Tag! Das verflixte siebte Jahr? Ich weiß nicht, was die Leute immer reden. Wir hatten damit keine Probleme.*

Streit? Fehlanzeige. Originalton Rolf: *Wir streiten nicht. Und wir haben noch nie gestritten. An keinem einzigen Tag unserer Ehe. Meinungsverschiedenheiten? Die wenigen, die wir haben, werden friedlich beigelegt. Laute Worte? Ab und zu hören wir ein benachbartes Ehepaar streiten. Und jedes Mal denken wir beide: Gott sei Dank, dass uns das erspart bleibt!*

Rolf ist das, was man einen Verdränger nennt. Und darin ist er nicht nur gut, darin ist er mittlerweile perfekt. Was er nicht sehen will, übersieht er. Was er nicht hören will, überhört er. Was er nicht fühlen will, verdrängt er. Er lebt in einer Welt, die es gar nicht gibt. Einer Scheinwelt.

Man mag es nicht glauben – doch unser Gehirn kann sich selbst überlisten. Es kann über Jahre und Jahrzehnte ausblenden, was es nicht wahrhaben will. Es kann sich sozusagen einbunkern. Und parallel eine Phantasiewelt aufbauen. In ihr kann einfach nicht sein, was nicht sein darf! Doch Verdrängung rächt sich. Irgendwann bricht das Lügengebäude zusammen. Irgendwann trennt sich beispielsweise Rolfs Frau. Nicht zwingend deshalb, weil sie einen anderen Mann kennengelernt hat. Vielleicht hat sie einfach genug, sich die verlogene Ehestory ihres Mannes auf Partys oder im Gespräch mit Nachbarn zum x-ten Mal anhören zu müssen, weil ihr längst bewusst ist, dass sie hinten und vorne nicht stimmt.

Bleibt Rolf ein Verdränger, ist natürlich »Sie« schuld an der Misere. »Er« hat keine Fehler gemacht. Seine (Phantasie-)Welt ist ja okay. Und so wird er sie zum Sündenbock machen. Es wird Vorwürfe hageln, an sie, an sich selbst. Ein kläglicher und destruktiver innerer Monolog wird beginnen, der den Mindfuck nur noch intensiviert.

Was hat denn Leid mit Liebe zu tun?

Ariane hat einmal in ihrem Leben wirklich geliebt. Ach ja, was war das für ein Mann! Ein richtiger Mann, mit allem was in Arianes Vorstellung dazugehört. Kristallblaue Augen, markantes Gesicht, 1,87 cm groß, dichtes dunkles Haar, athletisch gebaut, erfolgreich im Job, ein Hochbauingenieur, charmant, intelligent, ein Frauenversteher. Thomas war ihre große Liebe.

War? Ja, denn Thomas war nicht nur ihre, sondern auch die große Liebe anderer Frauen. Erschwerend kam hinzu, dass er ebenso wie sie verheiratet war. Und Thomas wollte sich nicht scheiden lassen, zu keinem Zeitpunkt.

Thomas wurde von vielen Frauen begehrt. Ariane aber glaubte, die Einzige für ihn zu sein. Selbst heute, 30 Jahre später, glaubt sie das noch! Sie hat zwar gehört, nicht seine einzige Affäre gewesen zu sein, hält das aber für ein Gerücht.

Thomas war sich seiner Attraktivität nur zu bewusst, und jeder raunte er ins Ohr, sie wäre die Einzige, die er über alles liebe. Und wenn er dann schon bald eine neue Liaison einging, machte er der jeweils Letzten in der Reihe klar: Frau und drei Kinder konnte er unmöglich verlassen. Aus Gewissensgründen, versteht sich. Sein Herz gehöre ihr, doch den Spagat zwischen Familie und der Geliebten könne er nicht aushalten. Es würde ihn zerreißen, und das müsse sie doch verstehen.

Ariane verstand. Sie hinterfragte nichts, litt still vor sich hin – bis heute. Dreißig Jahre später. Deshalb kam sie zu mir und erzählte mir ihre Geschichte. Sie hatte mein erstes Buch »Leide nicht – liebe« gelesen, war jedoch nicht in der Lage, sich das Leid um den schneidigen Bauingenieur »wegzulieben«.

Und das wird auch nie passieren. Es sei denn, Ariane würde damit aufhören können, in der Vergangenheit zu leben. Doch genau das könne sie nicht, sagt sie mir. Ihr ist klar, dass sie ihren Thomas nicht zurückerhält. Schon allein deshalb nicht, weil er im Jahr zuvor an Bauchspeicheldrüsenkrebs gestorben sei. Seitdem besucht sie nun einmal in der Woche sein Grab und legt, wenn sie sich unbeobachtet wähnt, eine weiße Rose darauf.

Sie sagt, sie liebe ihn einfach zu sehr. Und ich glaube ihr. Was sollte über so einen langen Zeitraum ihr Herz noch immer erglühen lassen, wenn nicht die Liebe? Aber weshalb leidet sie dann? Was hat Leid mit Liebe zu tun? Dreißig Jahre währendes Leiden! Die Antwort ist ebenso simpel wie logisch: Der Mindfuck hat sie im Griff und nicht die Liebe.

Denn Liebe ist formlos. Sie nimmt immer wieder neue Gestalt an. Liebe kann sich auch auf ein Tier oder den Beruf beziehen, schöne Dinge oder die Natur.

Leid hingegen ist unnatürlich. Ich würde sogar sagen – widernatürlich. Kein Mensch muss leiden! Es sei denn, der Mindfuck hat ihn erfasst.

Wenn der Zerrspiegel zerbricht

Alles, was in meinem Leben auftaucht,
ist ein Spiegel meines Bewusstseins und zeigt mir mein eigenes Inneres.
Spiegelgesetz

An das Spiegelgesetz glaubte Claudia voller Inbrunst. Und deshalb sitzt sie jetzt bei mir auf der orangenen Couch. Zweifelnd. Weil sie über Jahre mit dem Spiegelgesetz »arbeite«, wie sie es nennt, und dabei immer tiefer in den Sog des Leidens geriet, anstatt hinaus.

Es begann damit, dass ihr Mann sie verließ. Das war vor über drei Jahren. 17 Jahre waren sie verheiratet gewesen. Für Petra war es ein Schock. Mit allem hatte sie gerechnet, aber damit nicht. Sie fand, dass ihre Ehe gut war, nicht jedoch Richard. Der war schon lange nur noch auf dem Papier mit ihr verheiratet.

Sein Job als Flugkapitän machte es möglich, viele Nächte auswärts zu verbringen, ohne irgendetwas rechtfertigen zu müssen. Eines Tages aber war es so weit. Aus dem Techtelmechtel mit einer Stewardess wurde mehr – eine romantische Beziehung, die schließlich zur Trennung von Petra führte.

Wie das bei Frauen oftmals der Fall ist, suchte Petra die Schuld dafür weder bei ihrem Mann noch bei der »Tussi«, die ihn ihr abspenstig gemacht hatte, sondern bei sich selbst. Was hatte sie falsch gemacht? Was hatte sie ihm nicht gegeben? Was hatte die andere, nicht jedoch sie?

Zunächst besuchte sie einmal die Woche eine Psychotherapeutin, ein halbes Jahr später lieh ihr eine Freundin ein Buch. Darin ging es um das Spiegelgesetz. Und da sei es ihr plötzlich klar geworden, wie es zum Ehebruch ihres Mannes hatte kommen müssen. Sie hatte sich ihr Schicksal selbst eingebrockt. Und nur sie konnte es daher wenden. Denn was der Mensch sät, das muss er ernten. Und deshalb machte sie sich nun daran, alles, was ihr im Äußeren begegnete, als »Spiegel ihrer Seele« zu interpretieren. Das Leben hatte für sie nun nur noch einen Zweck: Selbsterkenntnis. Alle Umstände, Personen und Situationen wurden in Petras Wahrnehmung zu einer Art Verschwörung, dem äußeren Abbild ihres Inneren, das ihr, würde sie sich nur genau genug analysieren, alles zeigen würde, was sie brauchte, um ihre Wunden zu heilen, ihr Potenzial zu verwirklichen und ihr wahres, ewiges Wesen zu erkennen. Mit dieser Methode würde sie auch, wenn schon nicht Richard zurückbekommen, dann, was noch besser war, ihrem wahren Seelenpartner begegnen.

Doch genau das passierte nicht. Im Gegenteil, sie verlor nicht nur Richard, sondern auch beide Kinder. Zuerst zog ihr 13-jähriger Sohn, dann ihre 14-jährige Tochter aus – und zwar nirgendwo anders hin als zu ihrem Vater! Wenig später wurde bei Petras Mutter Alzheimer diagnostiziert, und Petra hatte die folgenschwere Entscheidung zwischen der Unterbringung in einem Pflegeheim und häuslicher Pflege zu treffen. Wobei sie natürlich eher an die Pflege zuhause dachte. Um ihre Lektion lernen zu können!

Ihre Gefühle spielten verrückt. Und sie, immer noch gänzlich überzeugt vom Spiegelgesetz, sah in jedem dieser Gefühle einen Lehrer. Was aber wollte er sie nur lehren? Ihr Inneres war aufgewühlter denn je. Der Schmerz wurde beinahe unerträglich.

In diesem verwirrten Zustand kam sie zu mir, und ich verwies sie als Erstes auf Jesus von Nazareth. Ob sie denn glauben könne, dass sein qualvolles Schicksal am Kreuz der Spiegel seines inneren Zustandes gewesen sei? Sie schüttelte betroffen den Kopf. Daraufhin bat ich sie, mir zu erklären, ob der bösartige Tumor, der den weisen Ramana Maharshi umbrachte, Ausdruck eines inneren Konfliktes gewesen sein könne!* Unvorstellbar, erwiderte sie. Und schließlich fragte ich sie, wie das Spiegelgesetz denn den gewaltsamen Tod von insgesamt 6 Millionen Juden in den Konzentrationslagern der Nazis erkläre. Hielt sie es für möglich, dass deren *kollektives* Schicksal auf ihre jeweils *individuelle* Seelenlage verwies, sie etwas lehren wollte, um das Karma vieler vorheriger Leben »aufzuarbeiten«? Auch hätte ich gern eine Erklärung für das Schicksal von geschätzt insgesamt 80 Millionen Toten im Zweiten Weltkrieg, die wohl alle zum nahezu gleichen Zeitpunkt den Spiegel ihrer Seelenlage vorgehalten bekamen? Als ob der Kosmos alles in einer einzigen »Schicht« erledigen wollte!

Ihre Miene wurde nun tatsächlich zum Spiegel – allerdings für die aufkommende Skepsis gegenüber dem Spiegelgesetz. Wohin der Glaube daran geführt hatte, wurde mir überdeutlich vor Augen geführt. Vor mir saß ein Häuflein Elend, das über die äußeren Schicksalsschläge hinaus annahm und annehmen musste, es selbst habe die alleinige Verantwortung dafür zu tragen.

* http://de.wikipedia.org/wiki/Ramana_Maharshi

Hahnenschrei

Moritz glaubt der modernen Hirnforschung, und die sagt, stark verkürzt, jedoch auf den Punkt gebracht: Der freie Wille ist eine nützliche Illusion. Mit diesem Zitat des bekannten Hirnforschers Prof. Dr. Dr. Gerhard Roth beglückt Moritz alle, die es hören, und auch alle, die es nicht hören wollen. Moritz hat sich mit seiner diesbezüglichen Offenheit jedoch keinen Gefallen getan. Im Gegenteil hat er sich vor allem im Büro eine Reihe von Feinden geschaffen. Denn die meisten seiner Zeitgenossen wollen nicht hören, dass ihr Leben determiniert sei. Sie wollen wie bisher der Illusion Glauben schenken, selber und vor allem frei entscheiden zu können, was sie tun und auch was sie unterlassen.

Vielleicht käme seine Philosophie bei den Kollegen besser an, wenn er zumindest als Mensch beliebter wäre. Doch er ist als Besserwisser verschrien. Mit ihm könne man sich nicht »normal« unterhalten. Bei jeder Gelegenheit schmiere er einem seine geistige Überlegenheit aufs Brot.

Moritz kann das überhaupt nicht verstehen! Er sieht sich als Opfer übler Nachrede. Gemobbt von seinen Kollegen. Dabei ist es wahr. Moritz hat sich mit seinem missionarischen Eifer selbst in die vertrackte Lage gebracht. Vor allem aber liegt es daran, weil Moritz sich selber nicht mag. Er ist mit sich selber im Clinch. Um das zu bemerken, muss man keine große Menschenkenntnis besitzen.

Ja, so wie er ist, ist er eben. Daran gibt es für Moritz keinen Zweifel. Denn wie schon erwähnt, glaubt er an ein deterministisches Universum, in dem jedes Detail vorherbestimmt ist, daher nicht anders erscheinen kann, als es erscheint. Deshalb kann auch Moritz nicht aus seiner Haut. Wozu gehört, dass er sich selbst nicht ausstehen kann. Wie gern wäre er ein Charmeur, der bei schönen Frauen ankommt. Wie gern wäre er männlicher in seinem Auftreten. Durchsetzungsfähiger, streitbarer, selbstbewusst eben. Manchmal vielleicht auch ein wenig verächtlich gegenüber denen, die er für nicht allzu intelligent hält. Doch selbst das liegt ihm nicht. Man könnte es ja als Arroganz werten und ihn noch weniger mögen. Und so ist er freundlich zu allen Menschen, die ihm begegnen.

Doch sein eigentliches Problem ist noch nicht einmal, dass er sich so, wie er aussieht und sich selber wahrnimmt, nicht annehmen kann. Sein tiefstes Problem ist vielmehr, dass er davon überzeugt ist, nichts an der Nichtakzeptanz sich selbst gegenüber ändern zu können. An sich selbst und der Welt leiden zu müssen hält er für sein unabänderliches Schicksal.

Ist das aber wahr? Ist es *wirklich wahr*, dass Nichtakzeptanz schicksalhaft ist? Ist es *wirklich wahr*, dass manch ein Mensch dazu verdonnert wird, lebenslang zu leiden? Es scheint so zu sein. Denn wenn es wahr ist, dass alles determiniert ist, ist alles determiniert.

Somit auch das Leiden.

Was beweist diese Schlussfolgerung? Das selbst die Wahrheit zum Mindfuck werden kann! Ja, der Mind benutzt selbst die Wahrheit, um den Misthaufen noch zu vergrößern, auf dem er dann wie ein Hahn sitzen und stolz Kikeriki rufen kann.

Schuldgefühle

Monika war verliebt wie niemals zuvor. Es gab dabei nur ein Problem: Es handelte sich nicht um ihren Exmann. Mit dem hatte sie drei Kinder. Acht, fünf und drei Jahre alt. Zwei Jungen, ein Mädchen. Und der Mann, den sie liebte und von dem loszukommen sie x-mal versucht hatte, war der Exmann ihrer besten Freundin.

Irgendwann war es schließlich soweit: Sie wurden entdeckt. Händchen haltend in einer Kleinstadt, in der sie niemand kannte. Dachten sie. Was sie nicht wussten, war, dass Susi, eine frühere Arbeitskollegin von ihr, just in dieses Städtchen umgezogen war. Als sie wieder einmal dort flanierten, verliebten Blicks, wie nur Verliebte es zustande bringen, war Susi auch dort. Sie saß auf einer Bank.

Susi war bibeltreu. Und der Gott ihrer Lesart, der duldete keinen Ehebruch. Daher fühlte sie sich verpflichtet, Monikas Ehemann von ihrer Entdeckung zu berichten. Natürlich ohne zuvor mit Monika zu sprechen. So weitreichend war ihre christliche Nächstenliebe nun auch wieder nicht.

Es kam zum Eklat. Monikas Ehemann flippte aus. Machte seiner Frau schwere Vorwürfe. Nahm sich sogar das Recht heraus, sie zu schlagen. Schließlich hatte seine Frau ihn drei Jahre lang betrogen!

Monika nutze die Gunst der Stunde. Sie packte ein paar Sachen zusammen, setzte ihre Kinder ins Auto und zog bei Martin ein. Ihrem geliebten Martin, der sie samt den drei Kindern aufnahm.

Monikas Ehe wurde ein Jahr später geschieden, das Sorgerecht für die Kinder erhielt sie. Alles in Butter, könnte man denken.

Nun, das wäre es sicher gewesen, denn Martins und Monikas Liebe sollte sich bewähren. 15 lange Jahre blieben sie zusammen. Manch anderes Paar hätte sich längst schon getrennt, wenn die Beziehung ähnlicher Belastung ausgesetzt gewesen wäre. Denn Martin fand keinen Raum in den Herzen der Kinder, die Monika sozusagen als Hochzeitsgeschenk in die Ehe mitgebracht hatte. Und die Kinder akzeptierten ihren Stiefvater nicht. Akzeptierten ihn nicht, ganz gleich, was er tat, um ihre Herzen zu gewinnen. Es war wie verhext.

Monika gab nicht ihnen die Schuld. So war sie einfach nicht gestrickt. Monika fühlte sich selber schuldig. Was hatte sie nur getan? Sie hatte egoistisch gehandelt und nicht das Wohl der Kinder im Auge gehabt. Es war ihr um *ihre* Liebe zu Martin und Martins Liebe *zu ihr* gegangen! Und die drei Kinder waren dabei auf der Strecke geblieben, ja unter die Räder gekommen! Der älteste Sohn nahm Drogen und war bereits mit dem Gesetz in Konflikt geraten. Der andere Sohn hatte nicht einmal den Hauptschulabschluss geschafft und trieb sich in der rechtsradikalen Szene herum, was man an seinem Haarschnitt und seinen Schuhen auch deutlich sehen konnte. Die Tochter indessen war schon mit 14 Jahren von zuhause ausgezogen, ohne ihrer Mutter zu sagen, wohin sie ging und wo sie nun lebte.

Schuldgefühle bestimmen seitdem ihr Leben. Sie weiß nicht, wie sie sich von ihnen befreien kann. Ihre ständige Niedergeschlagenheit hat die Zuneigung ihres Mannes zwar nicht sterben lassen, jedoch stark beeinträchtigt. Obwohl sie ein Selbstvergebungsseminar besucht hat, fällt es ihr schwer, sich zu vergeben. Immer wieder wühlen Gedanken ihr Inneres auf, dass sie selbstsüchtig ist und für das

Schicksal ihrer Söhne verantwortlich sei, ganz so wie ein Eber, der die Landschaft verwüstet.

In der Zwickmühle

Beim Abendessen sagt der Freund, dass es für ihn einfach nicht mehr stimme, bei den Eltern zu wohnen. Sie wohnen zwar in einer eigenen Wohnung, die befindet sich aber im Haus ihrer Eltern. Heißt das ausziehen, fragt sie sich?

Seit Ulrike denken kann, lebt sie im elterlichen Haus. Sie hat das Gefühl, sterben zu müssen, wenn sie sich nur schon außerhalb der Sichtweite ihrer Familie befindet. Denn ihre Familie kennt ihre Ängste, ihre Sorgen und weiß immer genau, wie sie mit ihr umgehen muss, wenn es ihr mal dreckig geht. Diese Geborgenheit und Vertrautheit spürt sie bei ihrem Freund nicht. Doch soll sie mit 25 Jahren ihren Freund ziehen lassen und womöglich bis 50 bei ihren Eltern bleiben, weil sie ihr »Sicherheit« und »Halt« geben? Andererseits liebt sie den Freund, sie könnte ihn nicht einfach so gehen lassen. Was wiegt schwerer: Das kuschelige Nest des Elternhauses oder ihre große Liebe? Wie soll sie sich nur entscheiden?

Love it, leave it or change it! Doch das ist leichter gesagt als getan in so einer Situation.

Der Mind dreht sich wie wild im Kreis. Es scheint keinen Ausweg zu geben. Und fürwahr, es gibt wirklich keinen. Jedenfalls vermag der Mind diesen inneren Konflikt nicht zu lösen. Denn hier geht es um Gefühle, um Angst vor dem Verlassensein. Es scheint offensichtlich, dass jede Entscheidung einen Preis kosten wird. Und dabei ist noch nicht einmal sicher, ob Ulrike ihre jeweilige Entscheidung nicht bereuen würde. Dies wäre höchstwahrscheinlich der Fall, wenn ihr Freund sich von ihr trennen würde, weil sie das Elternhaus wählt. Und dies könnte ebenso der Fall sein, wenn sie sich zum Auszug entscheiden würde.

Sie könnte freilich versuchen, ihrem Freund klarzumachen, dass sie sich zum gegenwärtigen Zeitpunkt außerstande fühlt, das Elternhaus zu verlassen, und auf sein Verständnis hoffen. Die Frage ist nur, ob seine Liebe zu ihr groß genug ist, um sich mit der für ihn unbefriedigenden Situation weiterhin zu arrangieren. Und eine weitere Frage ist natürlich, ob ihr Zusammenleben in der Familie, auch wenn sie in getrennten Wohnungen leben, überhaupt ein geeigneter Ort für eine funktionierende Partnerschaft ist.

Solche Konflikte sind insofern nützlich, weil sie zeigen, dass unsere Persönlichkeit keineswegs so homogen ist, wie wir das im Allgemeinen annehmen. In Ulrike tobt ein Krieg zwischen mindestens zwei Parteien, die sich als gleich stark erweisen und sich offenbar nicht versöhnen können. Welche von beiden gewinnt, steht in den Sternen.

Wer ist denn nun eigentlich Ulrike? Diejenige, die sich zuhause wohl fühlt und das Wohnen im Elternhaus in keinem Fall aufgeben will? Oder die andere Ulrike, die ihren Freund liebt und ihre Liebe nicht aufs Spiel setzen will? Bisher hat Ulrike angenommen, so homogen zu sein, wie es ihr Körper zu sein scheint. Der hat zwar Arme *und* Beine, Mund *und* Magen, Augen *und* Ohren, die entzweien sich jedoch nicht, sie arbeiten sogar phantastisch und zum Wohl des gesamten Körpers zusammen. Ihr Inneres jedoch ist seltsam gespalten. Als gäbe es zwei, nicht nur eine Ulrike.

Es wäre nicht erstaunlich, wenn in diesem Konflikt noch eine dritte Ulrike auftreten würde, die sich weder der einen noch der anderen Ulrike anschließen möchte. Und wenn sie die Oberhand gewinnen würde, wäre sowohl die eine als auch die andere in ihrer Entschlusskraft gelähmt. Ulrike wäre dann in einem Zustand, den man Niedergeschlagenheit oder Depression nennt.

Wenn sich Ulrike jedoch bewusst werden könnte, dass sie keine homogene Persönlichkeit ist, sondern aus verschiedenen Anteilen besteht, die sogar widersprüchlich sein können, wäre der Konflikt zwar noch nicht gelöst, würde jedoch eine neue Perspektive ermöglicht. Zu sehen, dass sie mehrere widerstreitende Bedürfnisse in *einer* Person beherbergt, würde sie womöglich schneller zu einer konstruktiven Lösung finden lassen und ihr zeigen, dass unsere Persönlichkeit nicht aus einem Guss, das Ich eine Schimäre ist.

Karriereknick

Als die letzte Sprosse der Karriereleiter endlich erreicht schien, war Achim Rosenthal gerade nationaler Vertriebsleiter in einem international tätigen Unternehmen geworden. Das war von Anfang an sein Ziel gewesen, als er vor fünf Jahren gleich nach der Hochschule als Trainee in ein bedeutendes Unternehmen eingestiegen war. Angefangen hatte er ganz »unten« als Verkäufer im Außendienst. Achim führte den traumhaften Aufstieg, für den er von seinen Kollegen sowohl bewundert als auch beneidet wurde, vor allem auf sein Selbstbewusstsein zurück.

Weil er in dieser Position gut verdiente, gab ihm die Bank problemlos einen Kredit, mit dem er ein Einfamilienhaus mit großzügigem Zuschnitt kaufen konnte. Sein Firmenwagen war ein Audi A 6, seine Urlaube verbrachte er mit Frau und Kindern in Fünfsternehotels. Er war gerade 29 Jahre alt.

Nur drei Jahre später verlieh ihm die Arbeit jedoch längst nicht mehr das Glücksgefühl, das er zu Beginn empfunden und das er sich von dem Karrieresprung erträumt hatte. Mit zunehmender Routine kam er sich wie ein Roboter vor, dessen Handlungen vorprogrammiert waren. Er wurde launisch und auch ein wenig selbstherrlich.

Als ein neuer Geschäftsführer und Vorgesetzter kam, überwarf sich Achim mit ihm noch in der ersten Woche. Es ging um Effizienz. Danach machte ihm sein Job nicht mehr nur keine Freude, war zur Routine verkommen, sondern war nur noch eine Qual. Der neue Geschäftsführer nahm ihm alle Freiräume und kritisierte ihn wegen Nichtigkeiten. Achim wurde ziemlich schnell klar, dass »der Neue« ihn loswerden wollte, doch er dachte nicht daran, den lukrativen Job hinzuschmeißen. Und das war auch gar nicht nötig, denn schon bald machte ihm der Boss ein »unwiderstehliches Angebot«. Ohne weitere Zeugen lud er ihn zum Gespräch und setzte ihm die Pistole auf die Brust: entweder werde Achim seinen Führungsstil ändern müssen, was sich wohl schwierig gestalten würde, oder er verlasse – in gegenseitigem Einvernehmen, versteht sich – das Unternehmen. Er könne mit einer überdurchschnittlichen Abfindung rechnen, wenn er diesen Vorschlag annehmen und keinen Konflikt heraufbeschwören würde, der nur Nachteile für einen hätte – nämlich für ihn!

Achim war während des Gesprächs klar geworden, dass er mit einem Nein in Kauf nahm, dass sich die Zusammenarbeit noch schwieriger gestalten würde, als es ohnehin der Fall war. Daher nahm er das Angebot knapp eine Woche später an und wurde daraufhin sofort freigestellt. Für ein halbes Jahr bezog er die gleichen Bezüge und durfte mit unbegrenzter Kilometeranzahl seinen Firmenwagen benutzen. Die großzügige Abfindung umfasste 2,5 Monatsgehälter, multipliziert mit den Jahren seiner Zugehörigkeit in der Firma.

Achim hätte nun aufatmen und sofort Bewerbungsgespräche aufnehmen können. Doch in ihm war etwas zerbrochen. Und zwar das Wichtigste, was eine gute Führungskraft braucht: Selbstvertrauen. Und damit genau das, worauf er seinen Erfolg zurückgeführt hatte.

Stattdessen erlebte er nun etwas, das er bis dahin noch nicht gekannt hatte: Angstattacken, die sich mit der Zeit intensivierten. Als er drei Monate nach seinem finanziell auskömmlichen Rauswurf das erste Bewerbungsgespräch führte, begann seine Stimme zu zittern. Schweißperlen bildete sich an den Innenflächen seiner Hände und – für alle Gesprächspartner sichtbar – leider auch auf der Stirn. Schließlich kam es zum Blackout, und er vermochte selbst auf einfache Fragen nicht mehr adäquat zu antworten. Natürlich schlug der Personalchef kein Zweitgespräch vor.

Mit angeschlagenem Selbstwertgefühl liefen die folgenden drei Bewerbungsgespräche auch nicht besser. Und mit jedem Flop nahm die Angst zu, weil sich die dunklen, selbstzerstörerischen Gedanken offenbar nicht mehr abstellen ließen. Immer wieder griff der Mind auf die Erinnerung an die vergangenen Misserfolge zurück und spulte immer wieder jene Szenen ab, die Achim seit seinem Karriereknick erlebt hatte. Ein Kurs in autogenem Training ließ ihn zwar besser einschlafen, vermochte jedoch nicht die Angst abzubauen, die ihn vor und während jedes Bewerbungsgesprächs ergriff und nicht loslassen wollte.

Als Achim zu mir ins Coaching kam, saß ein Häufchen Elend vor mir, das mit dem Achim, der er einmal gewesen war, nichts mehr gemeinsam hatte. Einen einzigen Vorteil hatte die Misere jedoch: Achim war bereit für den Mindcrash.

Burnout

Martin ist keineswegs unglücklich. Er hat dazu auch keinen Grund. Seine kleine Dachdeckerfirma läuft hervorragend. Mit fünf Mitarbeitern – alles fleißige Schwaben – und einem vollen Auftragsbuch könnte er entspannt in Urlaub gehen. Tut er aber nicht. Seit Jahren nicht.

Martins Problem sieht man äußerlich nicht. Denn es existiert nur in seinem Kopf. Und er hat gelernt, es sich nicht anmerken zu lassen. Nur die, die ihn sehr gut kennen, wie beispielsweise Anna, mit der er seit elf Jahren zusammenlebt, oder seine Mutter, die jedoch im Altersheim ist und ihn daher nicht oft sieht, die merken es ihm an und sprechen ihn auch ab und zu darauf an. Was ihm allerdings gar nicht recht ist. Denn er verdrängt das Problem. Er tut so, als hätte er keins.

Martin ist permanent unter Druck. Tag um Tag. Dieser Druck entsteht nur aus Gedanken, die ihn allerdings schlimmer terrorisieren als manch einen, der etwa unter Zeitdruck steht. »*Was wäre, wenn*«, denkt er sich, und dann türmt sich Vorstellung auf Vorstellung, die den Druck erzeugen und intensivieren.

Was wäre, wenn …

… ein wichtiger Kunde X abspringen würde? Bei dem hohen Auftrags- und Umsatzvolumen!

… zwei Mitarbeiter gleichzeitig krank werden würden, so dass wir mit der Arbeit nicht termingerecht fertig werden?

… einer vom Dach fallen würde, ohne sich an die Vorschrift gehalten zu haben, sich bei der Arbeit entsprechend abzusichern?

… der Mitbewerber günstiger anbietet als wir und die Stadt sich gegen unser Angebot entscheidet?

Sicherlich *könnte* dies alles passieren! Doch nichts davon *ist* bisher passiert, und die Wahrscheinlichkeit, dass es passiert, ist genauso groß wie die, dass nichts passiert.

Martin kann diese Gedanken aber nicht abstellen. Das geht schon viele Jahre so. Als er sich beim Arzt durchchecken lässt, stellt der hohen Blutdruck fest. Seitdem nimmt er Betablocker. Die vermindern zwar den Blutdruck. Den inneren psychischen Druck jedoch können sie nicht verringern.

Gegen die »Was-wäre-wenn«-Gedanken kann sich Martin einfach nicht dauerhaft wehren. Sie sind wie Diebe, die sich durch die Hintertür in sein Gehirn schleichen und plötzlich unvermittelt im Wohnzimmer stehen.

Wie viel mehr Energie stünde ihm zur Verfügung, wenn er fähig wäre, positiv zu denken. Das hat er auch schon versucht. Er hat sogar ein Seminar in mentalem Training besucht. Eine Zeitlang gelang es ihm auch, täglich Gedankenhygiene zu betreiben. Doch nur wenige Wochen später schienen die »Was-wäre-wenn«-Gedankenschleifen sogar an Kraft gewonnen zu haben.

Und das ist nur logisch. Denn Druck erzeugt Gegendruck. Positives Denken wirkt so, als würden Sie eine Feder zusammendrücken. Sobald Sie sie loslassen, springt sie mit der gleichen Kraft zurück, die Sie aufwenden mussten, um sie klein zu halten.

Schließlich kam es, wie es kommen musste. Martin war dem inneren Druck nicht mehr gewachsen. Er wurde reizbar. Kleinste Unregelmäßigkeiten regten ihn auf und führten zu Zornausbrüchen. Abends fühlte er sich dann so müde und matt, dass er meistens nur noch auf der Couch lag und vor dem Fernseher einschlief. Seine Lebensgefährtin Anna musste eine Einladung nach der anderen ausschlagen oder sich allein auf den Weg zu Partys machen. Eines Morgens fühlte er sich nicht in der Lage aufzustehen. Als Anna fragte, was denn nur mit ihm los sei, begann er zu weinen. Dann am ganzen Körper zu zittern.

Anna rief den Hausarzt an. Der diagnostizierte: Burnout.

Kollektiver Tunnelblick

Die fiesen Gedanken über ihren Chef kommen stets unvermittelt. Doch wenn sie sich erst einmal einstellen, ist Christa sich plötzlich so sicher wie eine Wahrsagerin mit überdurchschnittlicher Trefferquote, dass ihr Chef ein Idiot ist. Und darüber hinaus ein skrupelloser Menschenschinder, der einzig seine eigene Karriere im Blick hat. Wenig später setzt dann bei Christa der Tunnelblick ein. Die ganze Welt wird zu einem Tummelplatz für karrieregeile Idioten. Und sie selbst ist nur ein kleines Licht – kurz davor, ausgepustet zu werden.

Christa weiß natürlich nicht, ob ihre Analyse wahr ist. Denn sie kennt ihren Chef ja nur aus der Zusammenarbeit im Büro. Sie weiß nichts über sein Privatleben. Sie vermutet lediglich, dass er sich da auch wie ein Macho verhält.

Christa glaubt an das, was sie denkt. Sie kommt noch nicht einmal auf die Idee, die Gedanken auf ihren Wahrheitsgehalt hin zu überprüfen. Und weil sie das nicht tut, intensiviert sich das Bild, das sich in ihrem Kopf gebildet hat und nun stets erscheint, wenn sie ihm begegnet. Sie sieht, wenn sie ihn sieht, ihr Bild von ihm. Er selbst kommt gar nicht bei ihr an.

Wie immer er sich nun verhält, wenn sie ihm begegnet, sein Verhalten wird anhand dieses Bildes an der Pforte ihrer Wahrnehmung mittels des vorhandenen Rasters durchgecheckt. Das Bild in ihrem Kopf ist wie ein Ausweis, anhand dessen ihr Gehirn die reale Erscheinung ihres Chef einscannt und zum immer gleichen Ergebnis kommt: ein Idiot und ein Menschenschinder, der nur die eigene Karriere zum Ziel hat. Selbst wenn er sich plötzlich zum Vorteil verändern würde, handelte es sich in Christas Wahrnehmung lediglich um einen Trick, der seine wahren egoistischen Motive verbergen soll. Sie kann zu keinem anderen Ergebnis kommen, weil ihr Mind dieses Trugbild produziert, wobei sie natürlich nicht einmal ahnt, dass es sich um Mindfuck handelt.

Was man denkt, erzählt man natürlich auch anderen. Wes das Herz voll ist, des geht der Mund über. Mit jeder Erzählung über ihren Chef im Kollegen- oder Bekanntenkreis gewinnt das Bild an Bedeutung und Substanz. Ob es stimmt oder nicht, spielt in diesem Stadium keine Rolle mehr. Der Chef muss sich an dem Bild messen lassen, das Christas Mind dominiert. Und mittlerweile auch den Mind vieler ihrer Kolleginnen im Büro. So wird ein individuelles zu einem kollektiven Bild. Und das kollektive Bild hat natürlich mehr Power als das individuelle. Es beeinflusst (und vergiftet) die Atmosphäre im Büro. Und der Chef spürt das natürlich. Und nun passiert etwas, das man nur glauben kann, wenn man die Mechanismen kennt, die so etwas auslösen können: Der Chef beginnt dem Bild zu ähneln! Eine ihm nicht bewusste Power, ausgelöst durch das kollektive Powerbild der Mitarbeiter, bemächtigt sich seiner und zwingt ihn in genau die Form, die seine Mitarbeiter als Bild von ihm in sich tragen. Und sein diesem Bild entsprechendes Verhalten bestätigt wiederum seine Mitarbeiter in ihrer vermeintlich richtigen Überzeugung, dass er ein Idiot ist, ein Menschenschinder dazu, der nur seine eigene Karriere im Kopf hat. Dabei ist überhaupt nicht sicher, ob es sich um objektiv richtige Überzeugungen handelt. Sondern womöglich (und höchstwahrscheinlich) schlicht und ergreifend um kollektiven Mindfuck.

Floh im Ohr

Ilona ist happy in ihrem Job, möchte aber in ihrer Freizeit mehr unternehmen. Zumindest am Wochenende. Peter aber, ihr Partner, hat dazu keine Lust. Wieder mal keine Lust. Ihr Frust entsteht jedoch nicht während der kontroversen Diskussionen über die gemeinsamen Wochenendaktivitäten, sondern erst kurz danach, als sich ihr folgende Fragen stellen: War Peter eigentlich früher auch so wie heute? War er schon immer so ein fürchterlicher Langweiler, der lieber vor dem Fernseher auf der Couch herumlümmelt, anstatt im Sommer Fahrrad zu fahren, zu wandern oder im Winter Skifahren zu gehen? War ich damals wirklich dermaßen verliebt, dass ich nicht ihn, sondern mein Wunschbild von ihm geheiratet habe? Ach je, das wäre vielleicht ein Debakel! Wo sollte das alles noch hinführen?

Würde Ilona diese Situation auf Dauer aushalten? Das Leben mit einem Mann, der nichts anderes im Sinn hat, als »seine Ruhe« zu haben? Nein, das könnte sie nicht! Da ist sich ihre Freundin Gabi sicher.

Als dieser Gedanke sie beschleicht, bekommt Ilona Angst. Angst davor, dass ihre Ehe in die Brüche gehen könnte, dass sie sich irgendwann von ihm trennen muss. Angst davor, alleinerziehende Mutter ihrer zwei Kinder zu werden. Weil sich vielleicht kein neuer Mann findet. Schließlich wird sie nicht jünger. Und Männer stehen nun mal nicht auf alte Frauen.

Ilonas Angst ist zwar gefühlt real, aber sie ist nicht der Grund für ihre Misere. Denn Ilona weiß überhaupt nicht, ob das, was ihre beste Freundin Gabi dazu meint und über das sie seitdem »ernsthaft« nachdenkt, relevant ist. Nur weil Gabi schon öfter recht hatte. Beispielsweise, als sie ihr vorausgesagt hatte, dass ihr der Job als Verkäuferin in einer Boutique keinen Spaß machen würde. Und ja, schon 3 Monate später war sie nicht mehr in diesem Geschäft. Gabi hatte auch recht behalten, als Ilona glaubte, Peter betrüge sie mit einer anderen Frau, was sich als Unsinn herausstellte. Denn Peter war nicht nur seine Wochenendaktivitäten betreffend, sondern auch erotische Abenteuer betreffend ein absoluter Langweiler.

Daher glaubt Ilona, es könnte ja ohne Weiteres sein, dass Gabi wieder mal recht habe. Und umso mehr sie darüber nachdenkt, desto wahrscheinlicher wird es für sie. Das löst Unsicherheit aus. Und diese Unsicherheit befeuert die Angst. Die hypothetische Angst. Denn wovor Ilona Angst hat, ist ja in Wahrheit nur in ihrer Vorstellung entstanden, quasi heiße Luft. Es ist eine mit der Zeit mehr und mehr ausgereifte Vorstellung, die jedoch keinerlei Realitätsgehalt hat. Freilich wäre es möglich, dass Trennung die einzige Möglichkeit darstellt, wenn sich Peter nicht ändert und sie nicht länger mit dem Langweiler leben könnte. Aber das ist nur eine Vermutung, bewiesen ist es nicht. Bisher konnte sie es ja offenbar. Relevant jedoch wäre es erst, wenn es so weit wäre. Wenn es denn überhaupt so weit käme.

Einzig real ist die Angst. Denn die kann Ilona spüren. Die macht sie fertig. Die raubt ihre Energie. Doch die Ursache der Angst sind Gedanken. Gedanken, die sie nicht einmal denkt. Gedanken, die sich in ihr bilden. Weil Gabi ihr einen Floh ins Ohr gesetzt hat. Aus einem Floh wurde mittlerweile ein Elefant. Das Material jedoch, aus dem er besteht, ist nichts weiter als Illusion.

Gut, dass wir verglichen haben?

Die Wohnung der Cramers ist eigentlich ganz in Ordnung. 100 Quadratmeter, die sie zu dritt bewohnen. Uschi, Patrick und ihr fünfjähriger Sohn Yannick. So viel Wohnraum haben nicht allzu viele Menschen auf diesem Globus zur Verfügung. Das ist Patrick bewusst. Doch dankbar und zufrieden kann er trotzdem nicht sein. Und zwar – Sie werden es schon ahnen – weil seine Gedanken keine Ruhe geben, immer und immer wieder Unruhe stiften. Da kommt ihm etwa ganz plötzlich die Wohnung von Freunden in den Sinn, die auf 180 Quadratmetern leben – obwohl sie auch nur zu dritt sind! Und dann noch der wunderschöne Garten ums Haus. Den haben sie auch nicht. Und wieso eigentlich wurde er – ganz im Gegensatz zu seinem Freund Hans-Peter – nicht auch schon längst Abteilungsleiter? Wo er doch die gleiche Ausbildung hat ... und auch nicht blöd ist. Aber er kann sich einfach nicht so gut verkaufen wie Hans-Peter. Er weiß nicht genau, ob es stimmt, was seine Gedanken ihm da suggerieren, aber wenn man es mal klar zu Ende denkt ... dann ist er im Grunde genommen schon ein Versager. So erscheint es ihm zumindest. Und das nagt ganz gewaltig an seinem Selbstvertrauen, das aber – in hinreichender Ausprägung, versteht sich – die Voraussetzung wäre für den Job als Abteilungsleiter. Der wiederum wäre Voraussetzung für ein höheres Gehalt. Und das wiederum wäre die Voraussetzung für eine größere Wohnung mit 'nem Garten drumrum. Wie man das nennt, was Patrick erlebt? Nun, ich nenne es Mindfuck. Und Sie?

Hardcore-Suche

Lothar ist es egal, wie und wo er wohnt, ob sein Chef ein Idiot oder sozial kompetent ist oder ob seine Freundin andere Interessen als er hat. Denn Lothar hat nur ein Ziel: spirituelles Erwachen! Lothar ist nämlich, was man einen Hardcore-Sucher nennt. Es gibt kaum einen Tag, an dem er nicht meditiert. Es gibt kaum ein Wochenende, das er nicht zu Füßen eines spirituellen Lehrers, und kaum einen Feierabend, den er nicht mit einem spirituellen Buch verbringt.

Lothar arbeitet als Taxifahrer in Frankfurt, obgleich er Rechtswissenschaft studiert hat und den akademischen Grad eines Bachelor of Law besitzt. Schon während des Studiums fesselten ihn spirituelle Themen. Als er dann aber von seinem Vater dazu angehalten wurde, sich auf das zweite Staatsexamen vorzubereiten, um schließlich als Richter, Staatsanwalt, Rechtsanwalt oder wie sein Vater als Notar arbeiten zu können, nahm er den Job als Taxifahrer an. Weil er seinen Kopf nicht weiterhin mit »sinnlosem Zeug« füllen könne. Weil er Zeit brauchte zum Meditieren. Weil sein einziges Ziel im Leben darin bestand, zur Erleuchtung zu gelangen. In seiner Vorstellung hätte er umsonst gelebt, sollte er dieses Ziel nicht erreichen. Eine Karriere als Jurist, die kannte er von seinem Vater. Und so leben, das wollte er nicht.

Nach heftigen und am Ende erbitterten Diskussionen wollte der Vater keinen Kontakt mehr mit Lothar. Denn in seiner Vorstellung hatte er bereits zu viel Geld in den »missratenen« Sohn investiert, nur damit dieser Reisende zum Bahnhof oder Flughafen kutschierte.

Man mag den weltabgewandten Lothar mögen und den materialistischen Vater verachten. Oder aber Verständnis für den bodenständigen Vater aufbringen und über die abwegige Entscheidung des Sohnes den Kopf schütteln. Eins ist jedoch sicher: Ihre Gedanken ähneln sich zwar nicht im Inhalt, sehr wohl jedoch in ihrer Struktur. Denn beide wollen etwas, das sie nicht besitzen: Der Vater einen Volljuristen und Karrieristen zum Sohn. Der Sohn die spirituelle Erleuchtung. Beide denken darüber nach, wie das Leben sein könnte, sein sollte, sein müsste. Und darüber verlieren sie das Leben selbst aus den Augen.

Es ist keineswegs verwerflich, Ziele zu haben und Pläne zu schmieden. Ich selbst habe ja das Ziel spiritueller Erleuchtung etwa 40 Jahre verfolgt. Und bereue es nicht. Würde ich es bereuen, hätte ich nicht begriffen, dass keine Erfahrung anders sein kann als so, wie sie ist. Mir ist aber bewusst, dass die Suche, zumindest was das Ziel der Erleuchtung anbelangt, völlig umsonst war. Denn am Ende war klar, dass der Sinn des Lebens das Leben selbst ist.

Ich sag Ihnen: Der Mindfuck macht nirgendwo Halt! Spirituelle Ziele können ebenso vom Leben ablenken wie materielle. Aus Erfahrung kann ich sogar sagen, dass der Mindfuck gerade in spirituellen Kreisen Ausmaße annimmt wie nirgends sonst.

Der innere Querulant

Nun, vielleicht erkennen Sie Ihre eigene Situation in der einen oder anderen dieser Mindfuck-Short-Storys wieder. Es könnte jedoch ebenso sein, dass Sie ein ganz normales Leben führen. Ohne Tragödien. Ohne Dramen. Ohne Schicksalsschläge. Wie Millionen von Menschen in unserem Land sind Sie, Ihre Frau und ebenso auch Ihre Kinder bis auf eine Erkältung oder Grippe pro Jahr pumperlgesund. Sie haben einen relativ sicheren Job, der es Ihnen erlaubt, pünktlich Ihre Miete oder Hypothekenrate zu bezahlen, immer – außer wenn sie einzukaufen vergaßen - einen vollen Kühlschrank zu haben, nicht nur im Sommerschlussverkauf shoppen zu gehen und zweimal pro Jahr in Urlaub zu fahren. Im Sommer ans Meer, im Winter in die Berge zum Skifahren. Abfahrt oder Langlauf, was Ihnen liegt. Ihre Nachbarn sind nett, ab und zu werden Sie zu einer Grill- oder Geburtstagsparty eingeladen. In Ihrer Freizeit gehen Sie angeln. Oder kegeln. In die Sauna. Ins Kino oder Theater. Sie joggen, achten auf gesunde Ernährung und Ihr Gewicht. Die meisten Abende verbringen Sie gemütlich auf der Couch vor der Flimmerkiste, oder Sie spielen mit Ihren Kindern Mensch-ärgere-dich-nicht.

Ich bin der Letzte, der Ihnen ausreden möchte, dass Sie

relativ zufrieden sind. So wie das manche Sektenmitglieder tun, die uns an der Haustür oder in einer Fußgängerzone begegnen. Ihre Marketingstrategie besteht darin, uns einen Mangel oder ein Bedürfnis aufzuschwatzen, das wir erst erkennen, nachdem wir es von ihnen erfahren...

Da Sie dieses Buch lesen, müssten Sie eigentlich zu der Gruppe von Menschen gehören, die sich stark dafür interessieren, jenen Störenfried loszuwerden, der sie trotz allem äußeren Wohlbehagen in ihrem Inneren belästigt und manchmal auch quält.

Denn in Ihrer Wahrnehmung sind die Dinge, obwohl Sie eigentlich zufrieden sein könnten, fast nie so, wie sie sein sollen. Wenngleich Sie vielleicht gar nicht wissen, was genau in Ihrem Leben oder dem anderer *anders* sein sollte. Es handelt sich um eine subtile Sehnsucht, die Sie, wenn man Sie danach fragen würde, wonach Sie sich eigentlich sehnen, gar nicht benennen könnten. Zumindest nicht genau.

Es ist so ähnlich wie bei jenem Esel, vor dessen Nase eine Mohrrübe baumelt, die er, so schnell er auch rennt, um sie zu fassen zu kriegen, nie zu erreichen vermag. Oder wie bei dem Hund, der seinem eigenen Schwanz nachjagt und sich dabei stets im Kreis bewegt, ohne jemals sein Ziel zu erreichen, weil sich die Distanz zwischen Maul und Schwanz nie verringert und verringern kann.

Nützlich ist das lineare Denken des Minds – von A nach B –, solange es sich um ein realisierbares Ziel handelt. Der innere Querulant lässt sich jedoch nicht auf diese Weise entfernen. Er bleibt Ihnen erhalten, egal was Sie tun, um sich auf rationale Weise klarzumachen, dass Sie doch eigentlich zufrieden sein könnten. Dass es doch gar keinen Grund für Ihre nagende Unzufriedenheit gibt. Dass Sie im Gegenteil dankbar sein könnten, weil es so vielen Menschen wirklich schlecht geht: Kriegsopfern, Hungernden, Arbeitslosen, Obdachlosen, Junkies, Gefängnisinsassen, Vergewaltigungsopfern, gescheiterten Existenzen.

All jene Strategien, die sich auf derselben Ebene bewegen, auf der ein Problem entsteht, müssen scheitern. Der hinter seinem Schwanz herjagende Hund und der Esel, der die Mohrrübe vor seiner Nase nicht zu fassen bekommt, können die Distanz niemals überwinden. Ganz gleich, wie schnell sie sich drehen und laufen. Das ist uns klar. Doch wir versuchen es immer wieder. Natürlich mit dem gleichen Erfolg. Und der liegt bei null Komma null.

Der Mind ist gewohnt, von A nach B zu gelangen. Und das können Sie ihm nicht abgewöhnen und sollten Sie daher gar nicht erst versuchen. Stets wird er versuchen, die »gefühlte Distanz« zwischen dem, was gerade ist, und dem, was sein soll, zu überwinden. So ist er gestrickt. So muss er sein, um seine täglichen Aufgaben erfüllen zu können.

Wäre es nicht sinnlos, einen Nagel mit einer Säge in die Wand schlagen zu wollen? Oder Äste mit einem Hammer vom Baum trennen zu wollen? Der Mind eignet sich einfach nicht dazu, den inneren Querulanten zum Schweigen zu bringen. Er ist dafür einfach nicht gemacht.

Dies gilt freilich auch für die Lösung all jener Probleme, die ich in den vorigen Mindfuck-Short-Storys schilderte.

Die Lösung befindet sich nicht auf der Ebene, auf der das jeweilige Problem entsteht. Daher bitte ich Sie, mir zunächst auf eine Ebene zu folgen, die scheinbar gar nichts mit Ihrem aktuellen Problem zu tun hat …

Die Philosophie der Nondualität

Nondualität ist ein Begriff, der auf die allen Erscheinungen zugrunde liegende Wirklichkeit und primäre Energie, die nichtdual, also ungeteilt ist, verweist. Ich beziehe mich hier auf die praktische Seite der Nondualität, vor allem aber was sie im alltäglichen Leben bedeutet. Doch auch wenn der praktische Aspekt hier Priorität hat, muss ich mit einigen philosophischen Betrachtungen beginnen. Ich hoffe, Sie damit nicht zu langweilen. Es lohnt sich, auch wenn es dem einen oder anderen Leser zunächst schwerfallen mag, den Gedankengängen zu folgen.

In der Philosophie des Advaita gibt es drei wesentliche Aspekte:

1. Jede Erscheinung in der materiellen Welt entspringt einer einzigen Quelle.
2. Das Subjekt ist in allen Objekten anwesend, bleibt jedoch selbst bzw. essenziell abwesend.
3. Alle Objekte sind temporäre Erscheinungen und somit Illusion oder virtuelle Realität.

Diese drei Aspekte stelle ich Ihnen nun im Einzelnen vor.

Aspekt 1: Alles entspringt einer Quelle

Schließen Sie bitte die Augen und stellen sich für einen Moment eine Welt ohne Kontraste vor. Was sehen Sie vor Ihrem geistigen Auge? Entweder Weiß oder Schwarz, nicht wahr? Man könnte auch »nichts« dazu sagen.

Singularität ist demnach wie nichts. Daher bezeichnen sie auch manche spirituelle Traditionen als nichts oder Leerheit. Die alten vedischen Lehren des Advaita (»Nicht-Zweiheit«, gilt auch für den Buddhismus) vertreten die Auffassung, dass sich die Vielheit der Welt und auch die menschlichen Seelen aus einem gestaltlosen, zeitlosen Grundzustand (Shiva, Chit) entfalteten. Nach der gegenwärtigen physikalischen Auffassung entstand das Universum durch den sogenannten Urknall, also auch aus einem Zustand der Singularität, in welchem es weder Raum noch Zeit gibt. Was wir als »Welt« bezeichnen, kann nur mit zwei gegensätzlichen Polen erscheinen. Ohne Zweipoligkeit kriegen wir schließlich nicht einmal eine 20-Watt-Lampe zum Leuchten. Suchen wir jedoch nach dem, was sie leuchten lässt, finden wir lediglich das, was wir Elektrizität nennen. Also »eine« Energie hinter den »zwei« Polen plus und minus.

Licht bedarf der Finsternis, um scheinen und wahrgenommen werden zu können. Schönes bedarf des Hässlichen, sonst wäre das Schöne nicht zu erkennen. Gutes ohne Böses ebenso, auch wenn wir natürlich gern das Böse gegen das Gute eintauschen würden. Fenster werden schmutzig und müssen sauber gemacht werden, obgleich sie anschließend wieder verschmutzen. Ebenso verhält es sich mit Ordnung und Chaos, Sonne und Regen, Tag und Nacht, Gesundheit und Krankheit, Leben und Tod.

Lauter Gegensatzpaare, wohin wir auch sehen.

Eins bedingt stets das andere. Keins kann ohne das andere.

Schauen wir in die Natur. Frühjahr, Sommer, Herbst und Winter wechseln sich in steter Regelmäßigkeit ab. Und dennoch bezeichnen wir das, worin sich der Wechsel der Jahreszeiten abspielt, mit einem Wort, das im Singular steht: Natur. Das, worin sich der Wechsel gestaltet, ist demnach wieder nur »eines«. Ebenso wie bei der Elektrizität. Erfahren können wir sie zwar nur mit zwei Polen. Und doch ist es nur eine Energie und nicht zwei.

Nondualität bedeutet genau das. Das aus dem Sanskrit stammende Wort für die vor 2500 Jahren in Indien entstandene Philosophie der Nondualität heißt *Advaita* und bedeutet Nicht-Zweiheit. Wird das, was nicht-zwei ist, jedoch manifest, erscheint es als zwei, weil es, wie bereits erläutert, ohne Kontraste keine Welt geben kann. Verfolgen wir die Kontraste jedoch bis zu ihrem Ursprung oder ihrer Quelle, finden wir nicht-zwei, und das ist, als wäre da nichts oder Leere.

Nonduales Bewusstsein bedeutet, eine einzige Quelle als singulären Ursprung der polaren Welt wahrzunehmen. Das führt jedoch nicht zur Verleugnung der beiden Pole, die sich diametral unterscheiden. Es führt auch nicht zu einem indifferenten Einheitsbrei, in dem alles, was erscheint, toleriert und akzeptiert wird. Nein, die verschiedenen Pole werden sowohl erkannt als auch anerkannt und führen wie zuvor auch zu Annahme oder Ablehnung. Eins jedoch wird im nondualen Bewusstsein unmöglich: Das, was jeweils erscheint, nicht als das eine zu sehen, aus dem sich alle Gegensätze entwickeln.

Die Welt der Polaritäten besteht also in der Wahrnehmung nach wie vor. Wie auch anders? Es ist schließlich die Basis der Existenz. Doch inmitten derselben herrscht nun nonduales Bewusstsein. Irreversibel und äußerst stabil. Wie ein Fels in der Brandung. Es gibt fortan kein Ereignis mehr, das in der Wahrnehmung nicht der einen und einzigen Quelle entspringt.

Aspekt 2: Die Abwesenheit des Subjekts oder: Leben im Standby-Modus*

Wenn das Subjekt schaut – sieht das Subjekt ein Objekt. Wenn man das Subjekt sieht, wie es ein Objekt schaut, wird das Subjekt ein Objekt und ist nicht länger Subjekt.

Wenn das Subjekt sich selbst schaut, sieht es nicht länger irgendwas, denn da kann es nicht irgendetwas zu sehen geben – weil das Subjekt, das als Subjekt kein Objekt ist, nicht gesehen werden kann.

Dies ist die Transzendierung von Subjekt und Objekt – das ist reine Istheit. Dies ist, was wirklich ist – die völlige Abwesenheit, welches die Anwesenheit von allem ist, was zu existieren scheint.

Vielleicht könnte das besser formuliert, aber es kann nur wenig mehr gesagt werden.

Wei Wu Wei, Das Offenbare Geheimnis

* Der Bereitschaftsbetrieb oder Standby-Betrieb ist der Zustand eines technischen Gerätes, in dem die Nutzfunktion temporär deaktiviert ist, aber jederzeit und ohne Vorbereitungen oder längere Wartezeiten wieder aktiviert werden kann (Quelle: Wikipedia).

Ich erinnere mich dunkel an die Zeit, als ich noch meditierte und die spirituelle Erleuchtung erwartete. Und wann immer etwas Außergewöhnliches geschah – die Erscheinung psychedelisch leuchtender Farben bei geschlossenen Augen, erhabene Gefühle der Abgehobenheit bzw. Außerkörperlichkeit, der Eindruck göttlicher Präsenz etc. –, erwachte der Glaube in mir, ganz nah dran zu sein an der Erleuchtung. Da sich diese außerordentlichen Erfahrungen im alltäglichen Leben stets verflüchtigten und nicht wenige Male sogar in Depression oder mindestens Resignation endeten, habe ich schließlich erkannt, dass es sich dabei um ebensolche Objekte handelt wie der Aufgang und Untergang der Sonne oder das Entstehen und Vergehen eines Orgasmus.

Solange der Suchvorgang läuft, verbunden mit dem Gefühl, noch nicht angekommen zu sein, handelt es sich um den Versuch, das Subjekt in den Objekten finden zu wollen. Das Subjekt ist jedoch die Abwesenheit jeglicher Anwesenheit (eines Objekts). Und daher ist dieser Versuch, so unvermeidlich er auch während der spirituellen Suche ist, zum Scheitern verurteilt.

Spirituelle Suche ist letzthin ein Vorgang, der durch Verwechslung entsteht. Da das Subjekt durch Abwesenheit glänzt, wird es nicht gesehen bzw. erkannt. Da aber etwas, das nicht anwesend ist, vermeintlich gar nicht vorhanden ist, wird unwillkürlich nach einem Objekt gesucht, obgleich das Subjekt keines ist und somit auch nicht auffindbar ist. Wird dies jedoch nicht erkannt, kommt es zur Verwechslung. Weil sich das Subjekt naturgemäß in der Objektwelt verbirgt, werden Objekte konstruiert, die das Subjekt ersetzen. Und so entstehen Götter, so entstehen spirituelle Ideen von Ätherkörpern, Kausalkörpern und Metakörpern, aus denen fleischliche Körper entstehen. Doch damit werden lediglich statt physischer metaphysische Objekte kreiert. So dass außer einer höheren Anzahl von Objekten, so attraktiv sie auch sein mögen, überhaupt nichts erreicht wird.

Wird schließlich erkannt, dass jedes Objekt, auch das metaphysische, Form hat und daher begrenzt ist, somit nicht das Subjekt sein kann, will der spirituell Suchende nur noch eins: das Subjekt aller Objekte erkennen, sehen, berühren bzw. von ihm berührt oder erfasst werden. Doch genau das *kann* nicht geschehen. Geschieht es scheinbar dennoch, handelt es sich lediglich um eine weitere Verwechslung. Denn das Subjekt ist *Abwesenheit jeglicher Anwesenheit*. Einzig dies könnte erkannt bzw. gesehen werden. Doch das ist kein objekthaftes Sehen. Heißt praktisch: Es geschieht dabei nichts, was erwähnenswert wäre. Überhaupt nichts von Bedeutung. Nichts jedenfalls, was mit jenen Erfahrungen zu vergleichen wäre, von denen die Heiligen, die Erleuchteten und auch viele sogenannte Erwachte berichten.

Das Sehen der eigenen Abwesenheit ist eine Art Innehalten, das keinen weiteren Schritt nach vorne oder hinten, nach oben oder unten erlaubt. Deshalb erscheint mir der Begriff *Standby-Modus* als Metapher relativ hilfreich. Relativ deshalb, weil der Standby-Modus eines Geräts ja nur temporär aktiviert bleibt. Der Standby-Modus unserer wahren Natur jedoch ist, wenn Sie es mir nicht übel nehmen, ihn eher ein wenig ironisch anstatt spirituell korrekt zu beschreiben – von geradezu *unerträglicher Dauer*.

Urteilen Sie selbst: Wie sollte man Abwesenheit denn »erfahren« können? Wäre das nicht absurd?

Wahrnehmen geschieht ohne einen Wahrnehmenden. Versuchen Sie herauszufinden, wie und woraus und durch wen Wahrnehmen geschieht. Im besten Fall landen Sie bei der Idee des Beobachters. Und sind Sie bei ihr angekommen, werden Sie schließlich entdecken, dass auch der Beobachter beobachtet wird.

Und würden Sie sich die Mühe machen, hinter denselben zu blicken, würde ein neuer entstehen, ad infinitum.

Wie das möglich ist? Sehr einfach: Solange Sie nach einem Objekt suchen, und sei es der Beobachter, werden Sie nur ein Objekt finden. Und die metaphysischen vermehren sich wie die Karnickel, denn sie sind nicht einmal auf materielle Form angewiesen. Als Ursprung jedoch oder als Quelle bzw. als Subjekt werden und können Sie sich in der Welt der Objekte unmöglich selbst finden, weil Sie als Subjekt stets abwesend sind. Und wer mir Geschichten über seine Selbstfindung erzählt, dem höre ich ebenso fasziniert zu wie einem Märchenerzähler.

Doch wie sollte Abwesenheit in »Erscheinung« treten? Erschiene sie, könnte es sich nur um Anwesenheit handeln. Womöglich wäre das eine grandiose, göttlich anmutende Anwesenheit, die man unter Umständen sogar als Abwesenheit *verkaufen* könnte, wie es ja auch getan wird. Nichtsdestotrotz bliebe es Anwesenheit und damit ein Objekt der Objektwelt – lediglich eine mit dem Prädikat *Abwesenheit*.

Da kommt man nicht hin, da rutscht man auch nicht rein, das kommt nicht einmal über einen. Das ist schlicht alles, was übrig bleibt, nachdem Sie mit allen möglichen und freilich auch unmöglichen spirituellen Objekten, die mit dem Ende der Suche verwechselt werden, durch sind und sich somit im Standby-Modus befinden. Also da, woraus Sie sich niemals wegbewegt haben. Es scheint nur so, als hätten Sie sich bewegt und müssten nun zum Ausgangspunkt zurückkehren.

Will man eine Metapher bemühen, könnte man sagen, dass das Subjekt dem Objektiv einer Kamera ähnlich ist. Wir sehen durch ein Objektiv nur, was es an Objekten erfasst. Das Objektiv selbst bleibt dabei unfassbar. Freilich könnte man das Subjekt als »Gewahrsein« bezeichnen, ein Begriff, der in den spirituellen Traditionen oftmals auftaucht. Die Gefahr dabei ist nur, dass man das Gewahrsein selbst zu einem Objekt macht. Ein Kameraobjektiv ist freilich selbst auch ein Objekt, jedoch verwenden wir es ja nur als Metapher, um zu erklären, dass das Subjekt selbst nicht erscheint, sondern lediglich wahrnimmt oder erfasst, was auf oder in ihm erscheint.

Schwierig zu verstehen? Vielleicht. Der Mindcrash bedarf jedoch nicht des Verstehens. Das Verstehen ist vielmehr das Ergebnis des Mindcrash. Und so kann ich Sie nur um etwas Geduld bitten, denn schon im nächsten Kapitel heiße ich Sie zum Mindcrash willkommen.

Aspekt 3: Alle Objekte sind temporäre Erscheinungen und somit Illusion

Das Glaukom, der »grüne Star«, ist die zweithäufigste Ursache altersbedingter Erblindung. In Deutschland leiden geschätzt 800 000 Menschen am Glaukom. Allerdings vermuten Experten, dass rund 50 Prozent der Erkrankungen zunächst unentdeckt bleiben. Wird es rechtzeitig erkannt, können Patienten vor Erblindung bewahrt werden.

Auf den steigenden Druck im Augeninnern reagiert der Sehnerv sehr empfindlich. Nach und nach sterben einzelne Nervenfasern ab, was die Betroffenen aber erst merken, wenn schon 40 Prozent ihrer Sehnerven unwiederbringlich zerstört sind, so Professor Thomas Klink, Leitender Oberarzt der Universitäts-Augenklinik Würzburg. Die Illusionskraft des menschlichen Gehirns ist so groß, dass der Patient diese Gesichtsfeldausfälle nicht als schwarze Flecken wahrnimmt, sondern das Gehirn diese Lücken auffüllt, indem es Farben, Formen und Muster aus der Umgebung in diese Lücken hineinprojiziert. Das heißt, wenn man am gedeckten Tisch sitzt, auf den Teller schaut, sieht man den Dessertlöffel, der auf dem Teller liegt, nicht, sondern weiterhin das Muster der Tischdecke. Für den Patienten ist der Ausfall nahezu unmerklich.

Diese Irreführung wird zum Beispiel für andere gefährlich, wenn Erkrankte beim Autofahren andere Verkehrsteilnehmer nicht sehen, da ihnen das Gehirn statt kreuzender Fußgänger und Autos eine leere Straße vorspiegelt.

Das Gehirn projiziert Objekte, die gar nicht vorhanden sind. Das ist wissenschaftlich offenbar evident. Man sieht Dinge, die in Wirklichkeit nicht existieren.

Würde ich nun behaupten, dies sei *prinzipiell* der Fall, also bei allen Objekten, die wahrnehmbar sind, erntete ich sicher keinen Beifall in der Welt der Wissenschaft.

Lassen Sie mich zunächst feststellen: Wenn es möglich ist, dass das Gehirn sogenannte Gesichtsfeldausfälle auffüllt, indem es Farben, Formen und Muster aus der Umgebung in diese Lücken *hineinprojiziert*, muss doch zumindest die Frage erlaubt sein, woher man wissen will, dass das Gehirn das nicht *prinzipiell* tut!

Selbst das sezierbare Gehirn ist ja laut Prof. Dr. Gerhard Roth eine Projektion der Wirklichkeit. So nimmt er an, »die Wirklichkeit« werde von unserem Gehirn konstruiert, gleichzeitig sei für uns aber nur diese vom Gehirn konstruierte Wirklichkeit erfahrbar.

Als Konsequenz hieraus unterscheidet Roth ein *wirkliches* Gehirn von einem realen Gehirn. Das »wirkliche Gehirn« betrachtet er dabei als einen Teil der erlebbaren Wirklichkeit, diese wiederum als Konstruktion des »realen Gehirns«. Da ihm lediglich die von diesem realen Gehirn konstruierte Wirklichkeit zugänglich ist, kommt Roth konsequent zu folgendem explizit formulierten Ergebnis: Erstens erklärt er sich als Konstrukteur seiner Theorie selbst zum Konstrukt seines realen Gehirns* und zweitens, dass ihm das »reale Gehirn« real *unzugänglich* ist.**

Wird das Subjekt aus den krakenartigen Greifarmen und Saugnäpfen der konstruierten Wirklichkeit befreit, wobei es natürlich niemals wirklich darin gefangen war, sondern lediglich in ihr verborgen ist, erscheint uns die Welt als das, was sie ist – nämlich »Erscheinung«. Was immer auch sinnlich wahrgenommen wird, und sei es noch so attraktiv und genussreich, wird auf einer tieferen Ebene als virtuelle Realität betrachtet. Dies ist jedoch zumeist keine bewusste Realisation. Es ist vielmehr so, dass die typischen Reaktionen des sich in der konstruierten Wirklichkeit befindlichen Bewusstseins nunmehr fehlen.

Lassen Sie mich diesen Vorgang mit dem Wegfall der Weihnachtsillusion vergleichen. Zwar steht am 24. Dezember höchstwahrscheinlich immer noch ein Christbaum in Ihrem Wohnzimmer, und es gibt auch Bescherung. Es sieht genauso aus wie damals, als Sie noch ein Kind waren und an den Weihnachtsmann glaubten, der all die Geschenke gebracht hat. Doch an seine *tatsächliche* Existenz können Sie nun nicht mehr glauben.

Wenn die konstruierte Wirklichkeit sich als eine solche erweist, bleibt zwar alles so, wie es immer war, Sie können jedoch nicht mehr daran glauben, es mit »Wirklichkeit« zu tun zu haben. In Ihrer Wahrnehmung gibt's keine wirkliche Welt mehr. Ihnen ist nun sozusagen *unbewusst bewusst*, dass all das, was da ist und damit sichtbar, hörbar, tastbar, riech-

---

* http://de.wikipedia.org/wiki/Gerhard_Roth_%28Biologe%29
** Dies stimmt völlig überein mit der Abwesenheit des Subjekts, dem alle Objekte entspringen.

bar, schmeckbar, in Wahrheit nicht existiert. Es ist leer, könnte man ebenso sagen.

Viele, denen sich die konstruierte Wirklichkeit zum ersten Mal als solche zeigt, sind todtraurig. Wieder greife ich zum Beispiel Weihnachten. Vielleicht ging es dem einen oder anderen Leser wie mir, als ich von meinen Klassenkameraden aufgrund meiner Behauptung, dass es das Christkind tatsächlich gibt, hämisch ausgelacht wurde. Als ich meine Eltern bat, mir die Wahrheit über das Christkind zu sagen, rückten sie stockend mit ihr heraus. Was für eine bittere Enttäuschung war das doch! Wahrhaft desillusionierend!

Heute kann ich Weihnachten aber wieder genießen. Und zwar, weil ich die Idee als solche gut finde und es schätze, dass die Menschen besonders in der Vorweihnachtszeit ein wenig friedlicher und womöglich auch fröhlicher sind. Und natürlich schätze ich die freien Tage und die festliche Stimmung im Kreis der Familie.

Wenn Ihnen bewusst ist, dass nichts existiert, bedeutet das nicht, dass Sie sich wie ein Außerirdischer fühlen oder gar so agieren sollen. Manchmal, zugegeben, manchmal haben Sie schon das Empfinden, dass Sie sich auf dem falschen Planeten befinden. So eigenartig erscheinen Ihnen manche Verhaltensweisen Ihrer Zeitgenossen, die annehmen, die Welt sei real vorhanden.

Auch wenn ich weiß, dass das Glas Rotwein in Wahrheit nicht existiert, fasziniert mich der Geschmack des illusionären Gesöffs. Auch wenn mir klar ist, dass die Bäume des Waldes konstruiert sind und in Wahrheit auf Sinnestäuschung beruhen, finde ich ihre Form manches Mal sogar faszinierender als die eines Menschen.

Und wenn Sie mich fragen, welcher Nutzen entsteht, wenn

bewusst wird, dass nichts von dem existiert, was im wahrsten Sinne des Wortes handgreiflich ist, antworte ich: Für den, der sich womöglich ein Leben lang fragte, was Wirklichkeit ist, und von ihr erfasst wird, ist es das Größte. Ansonsten ist es ein eher nebensächlicher Aspekt nondualen Bewusstseins. Denn für eine Zehe fühlt sich ein Stuhlbein, an das sie stößt, schließlich ganz real an, und es spielt dabei nicht die geringste Rolle, dass in Wahrheit weder die Zehe noch das Stuhlbein existiert.

Willkommen im Mindcrash!
Die Diktatur des Verstandes brechen

Ich wechsele von diesem Kapitel an in meiner Ansprache vom Sie zum Du. Denn von nun an wäre das »Sie« eher störend als hilfreich. Mit »Sie« sprechen wir Menschen an, die uns fremd sind und/oder mit denen noch keine persönliche Beziehung besteht. Daher gibt es eine natürliche Distanz, und zumindest in den deutschsprachigen Ländern würde ein sofortiges Du als unhöflich, befremdend oder gar als übergriffig wahrgenommen.

Die Tatsache, dass meine Worte Ihr Interesse fanden – sonst hätten Sie längst schon aufgehört dieses Buch zu lesen oder es wutentbrannt in die Ecke geworfen –, verbindet uns nun auf eine Weise, die das »Sie« überflüssig macht. Hinzu kommt, dass ich Sie in diesem Kapitel zum Mindcrash einlade. Und insbesondere beim Mindcrash wäre das Siezen ungeeignet. Denn eine der ersten Blockaden, die der Mindcrash durchbricht, ist die Förmlichkeit im Umgang miteinander. Der beginnende Mindcrash soll hier also mit einer Änderung der Anrede einhergehen.

Der Mindcrash führt zu einer Reihe gewinnbringender Vorteile. Insbesondere führt er zum Ende des Leidens. Und in diesem Ende steckt nicht nur ein neuer Anfang, sondern die gesamte Energie, die bisher ins Leiden investiert wurde. Ich bin mir nicht sicher, ob es ohne die Erfahrung vorstellbar ist, welch ein enormes Potenzial dann zur Verfügung steht.

Auf allen Ebenen. Der materiellen, der emotionalen, der sozialen, der spirituellen.

Du wirst auf keiner dieser Ebenen mehr um Erfolg kämpfen müssen. Erfolg wird nun im wahrsten Sinne des Wortes er-folgen.

Verlustschmerz ist weiterhin möglich, Leiden jedoch unmöglich. Zorn ist weiterhin möglich, eine aggressive Grundhaltung nicht. Letzthin sind alle emotionalen Zustände möglich, die Person jedoch, die sie scheinbar betreffen, ist als Denkgewohnheit entlarvt und hat daher ihren Herrschaftsanspruch verloren. Leiden ist einzig auf einen Mind zurückzuführen, in dem noch das Ich regiert, das den Anspruch des Diktators geltend macht. Sodass sich alles, was erlebt wird, auf ihn bezieht und um ihn dreht. Hier einige Beispiele:

- Wieso ist »mir« das nur passiert?
- Das hätte »mir« nicht passieren dürfen/sollen.
- Wieso habe »ich« »mich« nur so und so entschieden?
- Hätte »ich« anders entschieden, würde »ich« nun nicht einen solchen Schlamassel erleben!
- Wie konnte dieser Mensch »mir« nur dermaßen übel mitspielen? Das hätte »ich« niemals bei ihm vermutet.
- Gott meint es nicht gut mit »mir«, sonst hätte er das nicht zugelassen.
- Wäre »ich« doch begabter, dann könnte »ich« ein glücklicher Mensch sein!
- Hätten »mich« »meine« Eltern geliebt, wäre mein ganzes Leben anders verlaufen!

Ohne das Empfinden persönlicher Täterschaft können solche Gedankengänge überhaupt nicht mehr entstehen. Alles was geschähe, geschähe einfach und würde ebenso wie der Aufgang und Untergang der Sonne als »Naturereignis« betrachtet.

Die Kindheit kommt nicht mehr zurück. Die Welt wird mit dem Erwachsenwerden kontaminiert, weil die dunkle Seite der Realität nicht mehr ausgeblendet werden kann. Übrigens: Das ist der entscheidende Grund für die vielen Betäubungsmittel, die Menschen weltweit zu sich nehmen. Sie tauchen die graue Welt für ein paar Stunden in Farbe, jene Farbe, die das Kind noch als Normalität erlebt. Es lebt im Paradies, nicht weil die Welt eines wäre, sondern weil es noch keine Grauzone kennt.

Nach dem Mindcrash wird die Grauzone nicht etwa abgeschafft. Auch nicht transzendiert. Sie wird noch nicht einmal akzeptiert. Nein, es stellen sich hinsichtlich des Soseins der Welt einfach keine Warum-ist-es-so-und-nicht-anders-Fragen mehr.

Tragödien erlebt einzig ein Mind, in dem der innere Kontrolleur noch seinen Herrschaftsanspruch erhebt. Und er allein ist es, der die Warum-ist-es-so-und-nicht-anders-Fragen stellt. Ob dir das bewusst oder nicht bewusst ist.

Der Mindcrash hat auch nichts mit Optimismus-Training oder positivem Denken zu tun: *Schau auf die helle Seite des Lebens, dann geht's dir gut!* Es ist natürlich angenehmer, als ständig auf die dunkle Seite zu starren. Eine Lösung ist es jedoch nicht, denn es gibt sie nun einmal, die dunkle Seite. Sie auszublenden führt nur zur Verdrängung und zu Gegendruck, den sie naturgemäß auslöst.

Letztlich handelt es sich beim Mindcrash, wie schon der Begriff »Crash« vermuten lässt, um einen Unfall. Und ein Unfall ist ja wahrhaft nichts, was durch *korrektes Handeln, Übung* oder gar *Bemühung* geschieht. So enttäuschend es auch zunächst klingen mag, führt der Mindcrash ins Scheitern. Freilich nicht deine Partnerschaft, deinen Job oder deine Finanzen betreffend, sondern dein bisheriges Lebenskonzept, das einen Denker, einen Entscheider, einen Täter, zusammengefasst, einen Regisseur voraussetzt.

Der natürliche Zustand ist auch ein konzeptloser Zustand. Spirituelle Konzepte oder Strategien, wie ich sie sogleich präsentiere, sind nur zweckmäßig, um in den natürlichen Zustand »fallen« zu können. Fallen deshalb, weil er nicht erreicht werden muss. Alles, was wir »erreichen« können, ist, uns aus ihm zu entfernen. Und es sind immer Konzepte, durch die wir uns aus ihm entfernen. Vor allem das Konzept persönlicher Täterschaft, welches Schuldgefühle sowie Schuldzuweisungen und je nach Charakter Überheblichkeit oder Minderwertigkeitsgefühle, Täter- oder Opfergefühle generiert.

Was dem natürlichen Zustand zuwiderläuft, führt ins Leid und/oder in hypothetische Angst. Und selbst dies sind lediglich »nützliche« Signale dafür, dass etwas nicht stimmt. Welcher Mensch könnte sich denn in Leid oder Angst wohlfühlen? Keiner, nicht wahr? Möglich wäre jedoch, dass jemand sich mit diesem unnatürlichen Zustand abfindet oder sich sogar häuslich in ihm einrichtet. Ab und zu unterbrochen durch Akte zweifelhaften Vergnügens. Zweifelhaft deshalb, weil sie mit einem Festbankett hinter dicken Gefängnismauern zu vergleichen sind.

Die nun folgenden Strategien sind vielfach erprobt und haben sich in den letzten zehn Jahren meiner Arbeit als Coach als sinnvoll erwiesen, wie mir das Feedback derer, die die Strategien angewandt haben, beweist. Zunächst nenne ich hier also die Strategie und wähle dann eines von mehreren Feedbacks aus, immer das, was mich besonders berührt hat.

Da sie *typbedingt* sind, wirst du dich nicht mit jeder Strategie anfreunden können. Ist auch nicht nötig. Denn eigentlich wählst nicht du eine der Strategien, sondern die Strategie sucht sich aus, zu wem sie am besten passt. Das wirst du daran bemerken, dass sie dich magnetisch anzieht.

Strategie Nr. 1: Nur eine kleine Korrektur im Bewusstsein

Auf Erden wissen alle:
Schönes wirkt nur als schön, wenn Hässliches vorhanden;
und jeder weiß:
Gutes wirkt nur als gut, wenn es auch Böses gibt.
Und das ist so,
weil Sein und Nicht-Sein sich bedingen,
Schweres und Leichtes sich ergänzen,
Langes und Kurzes sich bemessen,
hoch und tief zusammengehen,
Ton und Stimme harmonieren,
vor und nach einander folgen.

Daher:
Der weise Mensch ist tätig, ohne einzugreifen,
verwirklicht wortlos seine Unterweisung.
Er lässt die Wesen sich entfalten, doch kontrolliert er nichts.
Schöpferisch ist er, doch nicht besitzergreifend,
tätig ist er, doch ohne Anspruch auf Verdienst,
Werke vollendet er, doch Anrecht drauf erhebt er nicht.
Da er nichts anhäuft, hat er nichts, was er verlieren könnte.

Tao te King, übersetzt von Johannes Schneider

Laotse, dem die Weisheit des Tao te King zugeschrieben wird, wiewohl man das nicht genau weiß, verkündet hier jedenfalls, dass alle auf Erden um die Notwendigkeit der Dualität wissen. Damit erhält die Menschheit einen Bonus, den sie nicht verdient hat. Denn wüsste jeder Mensch wirklich, dass Schönes nur als schön wirkt, wenn Hässliches vorhanden ist, und Gutes nur als gut wirkt, wenn es auch Böses gibt, so wäre jeder Mensch weise. Und die Frage: *Wie kann Gott das nur zulassen?*, würde verstummen. Böses wäre ebenso akzeptiert wie das Gute, es würde erkannt, dass eins ohne das andere nicht einmal vorhanden sein kann, da die Wahrheit der Lüge ebenso bedarf wie das Hohe des Tiefen, das Schöne des Hässlichen, die Gewaltlosigkeit der Gewalt, der Frieden des Krieges.

Die Notwendigkeit der Dualität *grundsätzlich* zu sehen ist nicht sonderlich schwer. Im Gegenteil: Sie ist dermaßen unübersehbar, dass man schon riesengroße Scheuklappen bräuchte, um sie übersehen zu können. Das Übersehen ist letzthin kein intellektuelles Problem. Wenn wir bei Kaffee und Kuchen darüber philosophieren, bleibt uns schon bei relativ geringer intellektueller Redlichkeit gar nichts anderes übrig als die Akzeptanz des Prinzips der Dualität. Geht's uns aber selber ans Leder, sieht es schon ganz anders aus. Das Dunkle, Hässliche, Ungerechte, Schmerzliche in der eigenen Erfahrung, im Erlebniskosmos sozusagen, ohne Wenn und Aber als gegeben zu betrachten und zu akzeptieren ist nicht nur schwer, sondern unmöglich. Jedoch allein darauf kommt es an! Ist das nicht der Fall, bleibst du auf der Strecke, obgleich du die Weisheit Laotses womöglich ohne Skript zu rezitieren vermagst. Kommst du nicht raus aus dem Leid, wirst du niemals handeln können, wie Weise handeln.

Was genau macht den Weisen eigentlich weise? Nur eines: Er leidet nicht mehr, was immer ihm auch widerfährt. Wie oft hörst du in Gesprächen nur Klagen. Was nicht funktioniert. Was dumm gelaufen ist. Wer krank ist oder gestorben. Was besser sein könnte, ja müsste.

Darüber kann man zwar reden. Doch es ist nicht der Inhalt, es ist der klagende Ton, in dem darüber gesprochen wird. Die Klage Leidender hat stets den Anschein der Anklage, als könnte jemand etwas für das, was geschieht.

Ich habe jede Menge zu kritisieren. An der Politik, der Religion, dem Verhalten manch eines Nachbarn, an mir selbst freilich auch. Wer das nicht kann, ist zu bedauern, denn er lebt ebenso mit Scheuklappen wie der, der die Notwendigkeit der Dualität negiert. Sehe ich aber das Prinzip der Dualität und ist mir deshalb klar, dass Welt ohne dieses nicht nur nicht funktioniert, sondern nicht einmal vorhanden sein könnte, geht es in meiner Kritik an bestimmten Zuständen nicht um Grundsätzliches, sondern rein Funktionales.

Schauen wir nach Ägypten. Es kann doch keinen Zweifel daran geben, dass die Islamisten unter Mursi das Land ebenso an den Rand des Ruins führten, wie es zuvor unter dem entmachteten Mubarak der Fall war. Wenn das nicht kritikwürdig ist! Wenn du die Notwendigkeit der Dualität lediglich intellektuell verstanden hast, traust du dich nicht einmal, einen kritischen Standpunkt einzunehmen.

Du wirst aufgrund deines natürlichen Überlebensprogramms immer nach dem Optimum an Lebensqualität streben, dabei jedoch wissen, dass Fülle ohne Mangel unmöglich ist. Was praktisch bedeutet, dass du den Mangel zwar zu überwinden versuchst, jedoch nicht beklagst oder gar an ihm verzweifelst.

Unzufriedenheit mit einer Situation oder einem Zustand ist dann kein Problem, wenn sie kreativ macht und zu Lösungen führt. Es würde keine Erfindungen geben, wenn Menschen nicht unzufrieden gewesen wären. Kreative Unzufriedenheit führt jedoch nicht ins Leiden!

Leidende verhalten sich närrisch, denn sie versuchen Steine in Brot zu verwandeln. Und das, obgleich sie ganz genau wissen, dass es ein Ding der Unmöglichkeit ist und dass allein der Versuch einen ungemein hohen Kraftaufwand kostet. Deswegen sind Leidende niemals vital, sondern wirken immer etwas schwächlich. Sie reiben sich an Problemen auf, die sie niemals lösen werden. Dagegen ist der weise Mensch tätig, ohne einzugreifen, verwirklicht wortlos seine Unterweisung, lässt die Wesen sich entfalten, kontrolliert nichts, ist schöpferisch (kreativ), doch nicht besitzergreifend, tätig, doch ohne Anspruch auf Verdienst, vollendet Werke, erhebt jedoch kein Anrecht darauf (Tao Te King). Und das ist klar, weil er sich dessen bewusst ist, dass die Pole zwar als Gegensätze erscheinen, jedoch nicht auseinanderdriften, sondern untrennbar zusammengehören und sich daher zusammenfügen.

Nun magst du sagen: *Ich habe die Notwendigkeit der Polarität eingesehen, aber wie komme ich dahin, sowohl die helle als auch die dunkle Seite in meiner Lebensrealität zu akzeptieren?* Niemand kann sein Gehirn mir nichts, dir nichts umprogrammieren. Denkgewohnheiten sind mitunter hartnäckig und brauchen Zeit, um sich durch höhere Einsicht sozusagen selbst in Luft aufzulösen.

Um das »Auflösungsprogramm« zu aktivieren, empfehle ich, über einen Zeitraum von 21 Tagen täglich zu überprüfen, ob bzw. inwieweit du in der Lage bist, dich auf eine Seite der Dualität zu schlagen. Also möglichst permanent das

Helle, Schöne, Gute und Wahre zu leben und zu erfahren. Womöglich trägst du die Ergebnisse in ein papiernes oder elektronisches Notizbuch ein. Solltest du zu dem Ergebnis kommen, dass du die dunkle Seite nicht zugunsten der hellen ausblenden kannst, beglückwünsche ich dich! Denn es wäre eine der besten Voraussetzungen zur Punktlandung in der Wirklichkeit, in der keine der beiden Seiten ausgeschlossen sind, sondern immer wie siamesische Zwillinge erscheinen: Keins kann ohne das andere.

Kurt aus Garmisch-Partenkirchen schrieb mir nach der Anwendung dieser Strategie:

Ich hätte es nicht für möglich gehalten, aber es stimmt. Es ist völlig unmöglich, immer auf the bright side of life zu bleiben. Selbst in Gedanken gelang es mir nicht. Wie konnte ich das nur jemals geglaubt haben?, frage ich mich jetzt. Und wie habe ich es doch mit allen Mitteln versucht. Dem Aufschwung folgt der Abschwung wie dem Tag die Nacht. Schon bevor die 21 Tage rum waren, kam es mir vor, als hätte ich den wahnsinnigen Versuch unternommen, die Schwerkraft zu besiegen. Nun ist es zwar nicht so, dass ich jetzt immer alles toll finde, was in meinem Leben so alles passiert. Seit ich aber weiß, dass sich Dunkles und Helles »bedingen«, zieht es mich bei der Erfahrung des Dunklen nicht mehr so weit runter. Vor allem ist der Selbstzweifel weg, weil ich nun nicht mehr glaube, dass ich den Abschwung hätte verhindern können. Die Dinge passieren, wie sie eben passieren, und ich schau dem Ganzen mal mehr, mal weniger wie ein neutraler Beobachter zu...

Strategie Nr. 2: Die innere Leere zulassen, anstatt vor ihr wegzulaufen

Wenn du mich fragen würdest: *Was genau ist der Profit der Korrektur im Bewusstsein, die der Mindcrash bewirkt?*, würde ich spontan antworten: *Das Ende des Leidens plus innere Stabilität!* Wobei innere Stabilität nach und nach auch zu äußerer führt. Äußere Umstände bleiben freilich nicht immer stabil, schon allein deshalb, weil das Lebensprinzip »Dualität« heißt, welche bekanntlich aus zwei Seiten einer Medaille besteht. Prinzipiell jedoch ist innere und äußere Stabilität das Markenzeichen eines gecrashten Minds.

Was genau verstehst du unter innerer Stabilität?, magst du fragen: Nun, es ist in jedem Fall kein Gedanke, daher auch kein Glaubenssatz und auch kein Gefühl. Es ist vielmehr ein *zuinnerster* Raum (sozusagen), in den weder ein Gedanke noch ein Gefühl einzudringen vermag. Dieser Raum ist das grundlegende Existenzempfinden jedes Menschen, wenn er nicht durch den Eindruck persönlicher Täterschaft überlagert und damit weitgehend ausgeblendet wäre.

Stell dir einen leeren Raum inmitten eines Hauses vor, von vielen Räumen umgeben. Um zu ihm zu gelangen, müsstest du ihn lediglich attraktiv finden. Das hört sich leichter an, als es ist. Denn in den anderen Räumen findest du lauter Attraktionen. Großartige Gemälde von bekannten Künstlern an den Wänden, die deine Augen gefangen nehmen, handgefertigte Möbel von erhabener Schönheit, Wein, schöne Menschen und Gesang im nächsten Raum, erlesene Bücher vom Boden bis zur Decke in einem anderen. In diesen Räumen könntest du ein Leben lang lustwandeln. Und du magst, selbst wenn sie dich zu langweilen beginnen, nie auch nur einen Fuß in den innersten Raum setzen. Womöglich öffnet sich für Sekunden die Tür, so dass du die Leere in ihm wahrnehmen konntest. Allein dieser eine Blick in die Leere ließe dich womöglich vor ihm zurückschrecken.

Doch genau da, in diesem leeren Raum, ist die innere Stabilität, die ich hier bezeuge und die du in keinem einzigen anderen Raum finden wirst. Das gesamte Haus gehört dir, du könntest also einfach den innersten Raum betreten und auch in ihm bleiben, wenn du nur wolltest. Wobei die Ablenkung in den anderen Räumen nicht so ohne Weiteres zu diesem an sich leichten Schritt führen wird.

Jeder Mensch kennt diesen inneren Raum bzw. diesen inneren Zustand bereits. Heißt: Kein Mensch hat ihn niemals erlebt. Man könnte ihn auch »Stand-by-Modus« nennen.

Du sitzt beispielsweise in einem Straßencafé in einer Fußgängerzone, und die Menschen laufen an dir vorbei. Du siehst sie und siehst sie gleichzeitig nicht. Du hörst sie reden und lachen und fühlst dich doch wie abgeschaltet. Der Kellner tritt vor dich und fragt: »Möchten Sie noch eine Tasse Kaffee?«, du aber reagierst nicht, obgleich du die Stimme hörst. Dein Bewusstsein ist sozusagen im Leerlauf. Erst als der Kellner dich ein zweites Mal fragt, reagierst du und nickst: »Ja, bringen Sie mir noch einen Cappuccino!«

Was hast du gerade erlebt? Wo warst du gerade?

Nirgendwo sonst als in der inneren Leere. Oder im Stand-by-Modus. Ganz wie du es nennen willst. Und damit direkt in der verborgenen Quelle all dessen, was du wahrnehmen kannst. Aus diesem verborgenen Ort, der freilich keine Örtlichkeit ist, entspringt all das, was du wahrnehmen kannst. Man könnte ebenso sagen: in deiner wahren Natur.

Und nur sie bleibt beständig. Sie kennt keine Bewegung,

keine Veränderung, keinen Wechsel. Obgleich sie die Quelle der Existenz ist, die Quelle all dessen, was du wahrnehmen kannst. Du fühlst dich anschließend keineswegs abgeschaltet, obgleich du es für kurze Zeit warst. Und nachdem dich der Kellner mit seiner Frage aus dem Stand-by-Modus holte, fühlst du dich ausgeruht, frisch und munter, vergisst jedoch in der Folge den Zustand, in den du, ohne es zu wollen, gerietest.

Stell dir nun einmal vor, du könntest und würdest während all deiner alltäglichen Aktivitäten »innerlich« im Stand-by-Modus bleiben. Also in dieser inneren Leere, die du im Café als wohltuend, erfrischend und regenerierend empfandest. Jedoch nun, ohne mit leerem Blick auf die Straße zu starren, sondern gänzlich involviert in deine Aktivitäten. Keiner würde es dir anmerken, denn du würdest wie zuvor agieren und reagieren. Du aber bliebst in dieser höchst kreativen Leere sozusagen verankert.

Hört sich gut an, wirst du wahrscheinlich sagen. Und wiederum wirst du mich fragen: Wie komm ich nur dahin?

Und ich antworte: Überhaupt nicht. Dahin kannst du nicht kommen, weil du da bist. Denn du bist nichts anderes als Leere. Selbst der Quantenphysiker wird es bestätigen. Ich nehme einmal an, dass dir bekannt ist, dass ein Atom zu 99,99 Prozent leer ist. Um die gesamte Menschheit in einen Würfel mit den Flächen von sechs Daumennägeln zusammenzupressen, müsste man daher nur den leeren Raum aus den Atomen heraussaugen.

Na toll, magst du ironisch anmerken. *Ich hab auch das verstanden! Und jetzt? Hilft mir überhaupt nicht. Denn die Gedankenmaschine in meinem Inneren läuft wie verrückt und macht mich noch verrückt. Von der Leere find ich keine Spur.*

Und ich behaupte: doch! Du kennst sie genau, läufst jedoch jedes Mal vor ihr weg, wenn sie auftaucht. In jenen Momenten, wenn du ganz allein mit dir bist. Oder allein gelassen wurdest. Nach einem Abschied. Oder während du auf jemanden wartest. Oder nichts zu tun hast und auch keine Lust, irgendetwas zu tun. Sei ehrlich: Du hast Angst vor ihr, wenn sie sich einmal zeigt! Und sie zeigt sich. Zeigt sich immer wieder einmal. Jene Leere, die nicht einmal gähnt.

Du musst sie gar nicht suchen. Und suchst du nach ihr, läuft sie sozusagen vor dir weg. Nimm sie einfach nur wahr, wenn sie erscheint. Lass dich dann auf sie ein, wenn sie dich das nächste Mal besuchen kommt.

Zunächst mag dir ihr Besuch fürchterlich langweilig erscheinen. Du wirst vielleicht nervös werden, dich erheben, irgendwas tun wollen. Das kannst du natürlich. Joggen beispielsweise. Oder in Facebook posten. Ins Kino gehen. Dir im Internet einen Porno reinziehen. Ein Fitness-Studio besuchen. Oder den Fernseher anschalten. Es gibt heute so unendlich viele Möglichkeiten zum Zeitvertreib.

Doch die Leere wird dich wieder besuchen. Sie lässt nämlich nicht locker. Denn sie ist schließlich deine wahre Natur. Und irgendwann wirst du dich vielleicht auf sie einlassen und sie hereinlassen können. Und sie anschließend womöglich einladen wieder zu kommen.

Mit der Zeit wirst du sie lieben. Die Leere. Einfach in ihr sein. Mit ihr sein. Sie schätzen. Und ein Empfinden für ihre stete Anwesenheit entwickeln. Obgleich es eigentlich Abwesenheit ist. Die Abwesenheit jeglicher Anwesenheit. Das bedeutet es, in der Leere oder leer zu sein.

Nun magst du sagen: *Moment, hast du nicht zu Beginn von innerer Stabilität geschrieben? Ist Leere etwa stabil?* Oh ja.

Weitaus stabiler als irgendeine spirituelle Lehre. Oder kannst du Leere zerstören? Nein, denn sie ist einfach nur da.

Wenn du zu viel Angst vor der Leere empfindest, ist diese Strategie vielleicht ungeeignet oder einfach nicht dein Zugang zur Wirklichkeit. Also lass es und schau, ob es für dich geeignetere Zugänge gibt.

Oranna, die sich auf die Leere einlassen konnte, schrieb mir als Feedback ein Gedicht:

leer sein
nichts tun
nichts denken
nichts lenken
nichts wollen
rollen
treiben
bleiben
bei mir
hier
ohne kopf
nur mit bauch
meine schmerzen
herzen
sie lassen
nichts fassen
ohn(e)macht
nur acht
geben
auf mich

Strategie Nr. 3: Kampfansage an den Dämon des Leidens

Denn wir haben nicht mit Fleisch und Blut zu kämpfen,
sondern mit Fürsten und Gewaltigen, nämlich mit den Herren der
Welt, die in der Finsternis dieser Welt herrschen, mit den bösen
Geistern unter dem Himmel.

Bibel, NT – Epheser 6,12

Der Apostel Paulus schrieb dies der Gemeinde in Ephesus. Dass gerade ich diese Aussage zitiere, mag den, der meine nicht-duale Sichtweise kennt, wenn nicht schockieren, so zumindest erstaunen. Denn ich glaube weder an Gott noch an den Teufel. Als Metapher jedoch finde ich die Aussage sehr anschaulich. Vor allem im Kontext der Strategie, die ich dir nun vorstellen möchte.

Schwermut, Niedergeschlagenheit, Mutlosigkeit und Verzagtheit haben, insbesondere wenn es keinen triftigen Grund dafür gibt, nichts in der menschlichen Erfahrung zu suchen. Sie sind nur in Ausnahmesituationen natürlich.* Wenn du dich jedoch an so einen Zustand gewöhnt haben solltest, ist es umso schwerer, ihn loszuwerden. Denn im Gehirn entscheidet über das Wohnrecht stets die Information, die ein Gewohnheitsrecht für sich geltend machen kann, und nicht etwa Nützlichkeit oder gar Wahrheit.

In der Erfahrung eines Leidenden ist es tatsächlich so, als hätte ihn ein Dämon im Griff. Eine finstere Macht, die nicht

---

* Hier sollen Depressionen nicht verharmlost werden, sie können sogar durch Veränderung des Stoffwechsels entstehen oder durch fortdauernden Stress. Diagnostiziert ein Arzt die Krankheit »Depression«, bedarf es der ärztlichen Behandlung, und die hier geäußerten Empfehlungen können im besten Fall begleitende Maßnahmen sein.

nur ab und zu über ihn kommt, sondern die zentrale Wohneinheit, sozusagen den Thronsaal, besetzt und ihn von dort aus Tag für Tag drangsaliert. Der Leidende möchte sie loshaben, lieber heute als morgen, doch sie sitzt ihm im Nacken. Bis er schließlich resigniert und sich womöglich sogar in sein Schicksal fügt.

Übrigens: Ein Exorzist würde diesen Zustand noch verschlimmern. Allein deshalb, weil er die »böse Macht« für real hält. Genau das jedoch gibt dem Leidenszustand noch mehr Nahrung. Therapeuten machen übrigens den gleichen Fehler, wenn sie dem Betroffenen nicht klarmachen können, dass Niedergeschlagenheit, Mutlosigkeit und Verzagtheit mit ihm nur insofern zu tun haben, als dass diese emotionalen Zustände in seinem Erlebniskosmos »erscheinen«! So wie eine Wolke am Himmel erscheint, die ich zwar wahrnehmen kann, jedoch nicht bin.

Alles, was in deiner Erfahrung Leid verursacht, hat mit deinem natürlichen Zustand überhaupt nichts zu tun. Wenn deine Haut juckt, weißt du, dass etwas mit ihr nicht stimmt. Wenn ein Organ schmerzt, ist seine Funktion eingeschränkt. Kein Kranker käme auf die Idee, sich mit solchen Symptomen zu identifizieren, indem er sie für »normal« hält. Er unterscheidet vielmehr zwischen dem Jucken bzw. dem Schmerz und seinem Normalzustand, oder wie ich ihn nenne, dem »natürlichen Zustand«.

Jahrelang unter Schwermut Leidende haben sich jedoch derart an diesen Zustand gewöhnt, dass sie nicht mehr unterscheiden können zwischen sich selbst und dem, was das Leid verursacht. Beide sind sozusagen zu einer virtuellen Einheit verschmolzen.

Und genau das ist die eigentliche Ursache dafür, dass sie

sich fügen. Gar nicht mehr auf die Idee kommen, dass sie befreit werden könnten, ja sogar müssen, weil leben mit Leid so wenig zu tun hat wie eine Kuh mit dem Eierlegen! Leben ist nicht seiner Grundeigenschaft nach Leiden, auch wenn Menschen immer wieder in leidvolle Situationen geraten.

Traurigkeit, die einen konkreten Anlass hat – zumeist handelt es sich um einen herben Verlust, den das System zunächst mal verarbeiten muss –, ist normal und notwendig. Wenn die Traurigkeit jedoch ständiger Begleiter ist oder dich zeitlich über Gebühr in Anspruch nimmt, hat dich – um eine Metapher zu verwenden – der Dämon des Leidens im Griff!

Das bist nicht du!

Das hat mit dir nichts zu tun!

Das ist ebenso ein Fremdkörper wie ein Dorn im Fuß. Also nimm am besten einen anderen Dorn und entferne ihn aus deinem Fleisch. Und ruhe nicht eher, bis du beide entsorgen kannst! Außer dein emotionales Schicksal ist dir egal. Aber wem könnte es schon egal sein?

Um den Dorn der Niedergeschlagenheit zu entfernen, brauchst du höchstwahrscheinlich zwei Dorne. Der erste Dorn heißt: *Ach deshalb!* Der zweite: *Ach da isser ja wieder! Na komm, lass uns reden.*

Beginnen wir mit dem ersten: *Ach deshalb!*

Dem Leben Bedingungen zu stellen ist ebenso unnatürlich wie das daraus folgende Leid. Bedingungen sind nämlich pures Gift und vergiften dich daher. Es ist ungefähr so, als würdest du jeden Tag eine Flasche Whisky oder Wodka zu dir nehmen. Über einen Zeitraum von 10 Jahren ist selbst die Leber eines hartgesottenen Säufers am Ende ihrer Kraft.

Wer dem Leben hartnäckig Bedingungen stellt, vergiftet seinen Organismus genauso wie ein notorischer Säufer. Er oder sie wird schwächer und schwächer, und die Mutlosigkeit nimmt überhand.

Ein Säufer muss als Allererstes erkennen, dass der Alkohol ihn umbringt. Und daher auf Entzug. Er darf dem Gift keine Chance mehr geben. Selbst eine einzige Weinbrandbohne kann die Sucht wieder auslösen. Also Hände weg für immer und ewig! Alkoholiker bleibt man lebenslang.

Wenn ein Schwermütiger nicht erkennt, dass er die Bedingungen, die er dem Leben bewusst oder unbewusst stellt, »austrocknen« muss, kann er das Leid nicht loswerden. Es sei denn, es geschähe ein Wunder. Doch Wunder sind relativ selten. Die Wahrscheinlichkeit, dass eines geschieht, ist ebenso gering wie die mit dem Sechser im Lotto.

Daher empfehle ich allen, die an ihren unerfüllten Bedingungen leiden: Überprüfe zunächst genau, worin du dem Leben Bedingungen stellst. Mach dir am besten im Computer eine Tabelle mit drei gleichen Spalten im Querformat.

Schreib in die erste Spalte all deine Bedingungen untereinander. Wenn dir nicht gleich alle einfallen sollten, achte in der laufenden Woche darauf und notiere sie, wann immer sie im Bewusstseinsfeld erscheinen. Ein besonders absurdes Beispiel einer unerfüllbaren Bedingung wäre: *Wenn ich nicht aussehe wie Brad Pitt (oder Angelina Jolie), bin ich nicht attraktiv und kann ich das Leben unmöglich genießen.*

Hinterfrage die jeweilige Bedingung mit folgenden Fragen:

Wieso eigentlich muss es so sein und nicht anders?

Wem ist eigentlich mit dem So-und-so-muss-es-sein-und-nicht-anders gedient?

Wer zwingt mich zu glauben, dass das Leben mir das und das geben MUSS, damit ich es als erfüllt betrachten kann?

Ist denn dieser Glaube nicht nur ein Gedanke, mit dem ich mich aus reiner Gewohnheit identifiziere?

Was spricht eigentlich dagegen, wenn ich von nun an behaupte, dass es zwar angenehm wäre, wenn ich dies oder jenes erfahren würde, es aber keineswegs ein bedingungsloses MUSS ist.

Diese Fragen sind sozusagen die Waffen, mit denen du den Dämon bekämpfst. Sie entankern nämlich die Bedingungen, die sich tief in dein Unterbewusstsein eingegraben haben, so tief, dass du nicht einmal mehr in der Lage bist zu erkennen, dass sie mit dir selbst überhaupt nichts zu tun haben.

Überlege nun eine angemessene Antwort auf diese Fragen. Beispielsweise: *Natürlich ist diese Überzeugung nicht notwendig, um zu überleben. Es wäre zwar toll, wenn ich wie Brad Pitt oder Angelina Jolie aussehen würde, aber genießen kann ich das Leben auch mit meinem Gesicht und meiner Statur. Das habe ich schon so oft erlebt, dass es nicht unwahr sein kann.*

Noch einmal: Dein natürlicher Zustand ist leidlos und angstfrei. Schmerz, Traurigkeit sowie Angst sind Emotionen, die das Körper-Geist-System nur in Ausnahmesituationen, und zwar zu deinem Schutz produziert.

Den zweiten Dorn »*Ach da isser ja wieder! Na komm, lass uns reden.*« brauchst du höchstwahrscheinlich im Anschluss. Denn du kannst nicht davon ausgehen, dass Informationen, die dich jahre- und womöglich jahrzehntelang am Wickel hatten, mir nichts, dir nichts verschwinden. Der »Dämon« wird sein Betätigungsfeld nicht einfach aufgeben wollen. Nun aber ist dir schon mal bewusst, dass du nicht mit deiner Situation der Traurigkeit oder Schwermut identisch bist.

Schließlich hast du die Bedingungen, die das Erscheinen des Dämons überhaupt erst möglich machten, an den Nagel gehängt. Du bist nicht mehr mit ihnen identifiziert. Daher bist du auch nicht mehr verpflichtet, dem Dämon Nahrung zu geben.

Weshalb solltest du ihn dennoch einladen, indem du sagst: *Na komm, lass uns reden!* Das ist natürlich ein »strategischer« Ansatz. Ähnlich dem Motiv, aus dem heraus man gewisse politische Parteien nicht verbietet. Denn verböte man sie, würden sie weiter im Untergrund wühlen. Lässt man sie aber gewähren (wie beispielsweise die rechtsextreme NPD hierzulande), kann man ihre Aktivitäten besser beobachten und Übergriffe optimaler verhindern.

Dämonen scheuen bekanntlich nichts mehr als das Licht. Wenn du dich gegen sie wehrst oder sie gar verdrängst, gibst du ihnen, wenn auch unbewusst, Power. Lässt du sie aber zu, werden sie, wenn auch nicht sogleich, schließlich aus deinem Erlebniskosmos verschwinden.

Mit dieser Strategie wirst du höchstwahrscheinlich eine Zeitlang regelrecht »arbeiten« müssen. Du kannst nicht damit rechnen, dass du den »Dämon« mit ein oder zwei Übungen verjagst. Ich möchte es zwar nicht ausschließen, bin aber skeptisch. Die Dekonditionierung bedingender Glaubenssätze ist jedoch mit dieser Strategie ganz besonders wirksam.

Brigitte aus Wien hat diese Strategie verwandt und schrieb nach etwa zwei Monaten Folgendes*:

---

* Es handelt sich um einen Auszug aus ihrem sehr umfangreichen Feedback.

*... dann haben wir in der Session meinen insgesamt 4
hartnäckigsten Bedingungen ans Leben Namen gegeben,
sie personifiziert und auf einen Stuhl uns gegenüber gesetzt. Und sie haben ja wirklich zu sprechen begonnen...
Du hast sie aufgefordert, zu mir zu reden, und ich bin
dann in einen Dialog mit ihnen getreten. Ich habe dann
das, was wir in der Session machten, zuhause mehrere
Male wiederholt... Und nun kann ich dir Folgendes
berichten: Alles kann, nichts muss! Und das empfinde
ich als eine gewaltige Entlastung. Wann immer der
»Dämon« mich noch beschäftigt, lade ich ihn zu einem
Gespräch ein: Ach du schon wieder, also lass uns reden!
Das war am Anfang gar nicht so einfach, denn ich hatte
ziemlich viel Angst vor der Begegnung mit meinen Dämonen. Doch heute macht es mir fast schon Spaß. Es ist
jedenfalls nicht mehr beängstigend, und mit jeder Session
wird's mir leichter ums Herz...*

Strategie Nr. 4: Dem wirklichen Leben Raum geben

Gedanken, die nicht funktional sind, führen dich entweder
in die Vergangenheit oder in die Zukunft. Funktional sind
Gedanken, wenn sie dem Leben dienen, anstatt es zu konter-
karieren. Was getan werden muss, um möglichst angenehm
überleben zu können, tut sich zumeist ganz von selbst.
Gedankenlos sozusagen. Weil die Vorgänge im Gehirn auto-
matisiert sind. So dass du sinnlich sein könntest. Besser
noch: Die Welt sinnlich wahrnehmen kannst. Anstatt mit
der Ratterkiste im Mind beschäftigt zu sein.

Vielen, wenn nicht den meisten Menschen gelingt das

aber viel zu selten. Der Mind herrscht wie ein selbstgefälliger Diktator über ihr Dasein. Und schränkt die sinnliche Wahrnehmung immer mehr ein. Am Ende bleibt von der Sinnlichkeit nur noch die Geilheit übrig. Die lässt sich schlicht nicht vermeiden, weil Eros zweifelsfrei eine der stärksten, wenn nicht die stärkste Triebkraft darstellt. Und selbst die Geilheit wird noch von Gedanken begleitet: Wie es sich wohl anfühlen würde, mit der/dem, nackt oder halbnackt, auf dem flauschigen Teppich vor dem Kamin. Mentale Bilder, aufgeladen mit entsprechenden Emotionen, kommen hinzu. Das ist die Art von Sinnlichkeit, die in vielen Fällen noch bleibt. Armselig, oder?

Sexuelle Phantasien sind nicht verwerflich, und ich bin der Letzte, der den moralischen Zeigefinger erhebt. Sie sind aber längst nicht *alles*, was sinnliche Wahrnehmung ausmacht. Das Erleben im Alltag könnte weitaus sinnlicher sein, als es das bei den meisten Menschen ist. Es ist eine Frage, worauf sich die Aufmerksamkeit richtet. Dahin fließt nämlich die Energie. Das Prinzip ist dir sicher bekannt. Und wenn nicht, dann ab jetzt: Energie folgt der Aufmerksamkeit.

Kürzlich hatte ich ein Gespräch mit einem Arzt. Ich musste ihn für einige Zeit einmal pro Woche zwecks Nachuntersuchung besuchen. Jedes Mal hatte ich auch einige Fragen, die ich ihm vor, während und nach der Untersuchung stellte. Meine Wahrnehmung ist auch dabei, in ihrer Ausrichtung sinnlich. Ich nehme einfach nur wahr, was jeweils geschieht. Ich bitte ihn zunächst auf den Monitor des Ultraschallgeräts blicken zu dürfen. Ich schau zu, wie er eine Nadel in ein bestimmtes Körperteil sticht. Ich nehm den leichten Schmerz wahr und auch das Zucken, mit dem der Körper darauf reagiert. Ich seh immer wieder in sein Gesicht. Und bin immer wieder über das sanfte Lächeln erstaunt, das in seine Gesichtszüge gemeißelt zu sein scheint. Und ich nehme auch wahr, dass ich diesen Arzt mag und ihm vertraue. Warum, weiß ich nicht. Und muss es nicht wissen.

Ich verlasse die Praxis, steh auf der Straße, mein Blick fällt auf das Schild einer Kneipe, direkt auf der anderen Straßenseite: TAVERNE steht drauf. Dieser Name weckt angenehme Gefühle, ich weiß nicht wieso, und sie werden nicht hinterfragt.

Es hat leicht zu regnen begonnen, ich spüre die Tropfen wie feine Nadeln auf der Gesichtshaut, als ich mich in Richtung Parkhaus bewege. Einen Schirm hab ich nicht bei mir, also genieße ich den Segen von oben und dass ich dabei ein wenig nass werde. Auf dem Weg zum Parkhaus fällt mir zum ersten Mal ein kleines Kino auf, das SCALA heißt und mich auf geheimnisvolle Weise anzieht. Um zu schauen, welche Filme gerade laufen, muss ich eine kleine Anhöhe hinauf, dann steh ich davor. Aha, hier werden vor allem Autorenfilme gezeigt, die kein breites Publikum finden. Ich muss lächeln, als ich die Filmtitel lese: *Das Schicksal ist ein mieser Verräter. Einmal Hans mit scharfer Soße. Grand Budapest Hotel.* Warum ich lächeln muss, weiß ich wiederum nicht. Vielleicht sind es die originellen Titel. Aber wissen kann ich und muss ich es nicht. Ich bin vor allem sinnlich, und die Energie folgt schließlich der Aufmerksamkeit. Ich frag mich nicht mal, ob ich mir den einen oder anderen Film ansehen werde. Es wird sicher geschehen, wenn es geschehen soll. Und so muss ich mich im Moment nicht damit beschäftigen.

Schließlich betrete ich das Parkhaus. Meine Schritte hallen auf dem Beton wider. Außer mir ist niemand da. Wie ich da so zu meinem Auto gehe, mit dem eigenartig hohl klingenden Widerhall meiner Schritte und ganz allein, erscheint mir was ich erlebe wie ein Film, in dem ich nur eine Rolle spiele. Ich weiß nicht, was die Assoziation ausgelöst hat. Vielleicht die Filmtitel zusammen mit dieser Erfahrung. Ein kurzer Gedanke, dem ich nicht weiter nachgehe. Ich höre nur auf den Widerhall meiner Schritte.

Vor der Brücke über den Neckar, die aus der Innenstadt von Heilbronn führt, staut sich der Verkehr. Die Straße wird wegen Bauarbeiten einspurig. Ich nutze die Zeit, um in den Innenraum anderer Autos zu blicken. Und sehe Gesichter. Angespannte, zornige, lachende, feixende, sprechende und schweigende, nichtssagende und vielsagende, weibliche Gesichter, männliche, Kindergesichter. Ich fresse mich fest an ihnen. Ich bin ganz in ihnen drin – sozusagen. In den Gesichtern und dem, was sie in mir auslösen. Sympathie, Antipathie, Begehrlichkeit, Abstoßung, Anziehung. Eine ganze Palette verschiedener Gefühle. Die Gefühle unterliegen jedoch keiner gedanklichen Kontrolle. Da ist keiner, der die einen verbietet und die anderen zulässt oder begrüßt. Wäre dies der Fall, wäre meine sinnliche Wahrnehmung eingeschränkt, wenn nicht gar unmöglich.

Regiert der Mind, lebst du wie in einem Polizeistaat. Was du wahrnimmst, unterliegt der Kontrolle. Als wären überall Wächter, deren Aufgabe darin besteht, das Wahrgenommene einer Prüfung zu unterziehen. Das ist schön, das darf rein, das ist hässlich, das bleibt draußen. Das, was nicht rein darf, hält sich aber nicht immer an die Eintrittsverbote der Wächter. Dann gibt's auch noch einen Clinch. Manchmal dauert der freilich auch länger. Er spielt sich jedoch zumeist im Hintergrund ab, denn im Vordergrund ereignen sich bereits wieder andere Dinge, die an der Eingangskontrolle des Minds bewertet und aussortiert werden. Besonders wenn man zu den Menschen gehört, die sogenannte Gedankenhygiene betreiben. Die fühlen sich der Kontrolle ganz besonders verpflichtet und merken das harte Joch überhaupt nicht, weil sie davon überzeugt sind, dass Gedankenkontrolle notwendig ist. Denn positive Gedanken führen zu positiven Ereignissen. Und negative Gedanken natürlich zu negativen. Was bewiesenermaßen ein Schmarren ist. Hermann Hesse zum Beispiel war nahezu lebenslang ein potentieller Selbstmörder und Hypochonder*, der nach dieser Philosophie weitaus früher als im gesegneten Alter von 85 Jahren hätte sterben müssen.

Um überprüfen zu können, ob du die Welt sinnlich wahrnimmst oder ein Minder** bist, stellst du am besten zunächst eine grundsätzliche Frage: *Wie viel Raum nehmen meine Gedanken einerseits und wie viel Raum die sinnliche Wahrnehmung andererseits ein?* Anschließend überprüfst du dies im Detail.

Beginnen wir doch mit der Überprüfung am besten da, wo der Tag beginnt: beim Aufwachen. Spüre ich die Wärme unter der Decke oder den Druck der Gedanken: *Scheiße, muss aufstehen. Würde viel lieber liegen bleiben.* Und was noch so alles an Gedanken erscheint.

Dann unter der Dusche. Was nehme ich wahr? Den angenehm heißen Duschstrahl auf der Haut? Und womöglich am Ende den eiskalten wie ich, der sich den Wechsel von heiß

---

* Hypochonder leiden unter ausgeprägten Ängsten, eine ernsthafte Erkrankung zu haben, ohne dass sich dafür ein angemessener, objektiver Befund finden lässt.
** Als »Minder« bezeichne ich Menschen, deren Mind derart beschäftigt ist, dass die sinnliche Wahrnehmung im Leben nur noch eine kleine Nebenrolle spielt anstatt der ihr zugedachten Hauptrolle.

nach kalt zur Gewohnheit gemacht hat? Rieche ich den angenehmen Duft des Duschgels? Oder geht das Gedankenkarussell weiter? *Ich bin schon viel zu spät dran. Verdammt, und ich muss heute unbedingt noch neues Duschgel kaufen, das alte ist in spätestens drei Tagen zu Ende. Dabei nahm ich mir vor, immer zwei zu kaufen, damit ich immer eins in Reserve habe. Wann schaff ich endlich mal, das zu tun, was ich mir vornehme? Naja, ich hab eben so viele andere Dinge zu bedenken. Rattatattatat …*

Und wie schaut's während des Frühstücks aus? Steigt mir der Duft des Kaffees (oder Tees) in die Nase? Schmecke ich überhaupt noch, was ich esse und trinke? Bemerke ich den Raum, in dem das Frühstück stattfindet? Den Tisch, den Stuhl, das Landschaftsbild an der Wand, die Orchidee auf der Fensterbank? (Es gibt kaum einen Tag, an dem ich nicht morgens vor unseren Orchideen stehe, sie bewundere und ihnen für ihr Dasein danke. Ob sich mich wahrnehmen können oder nicht, darüber denke ich nicht nach, und es spielt keine Rolle.)

Frag dich: Geht das alles an mir vorbei? Weil die Gedanken mich schon wieder in die Zukunft tragen. Beispielsweise womit mich dieser oder jener Kollege oder mein Chef heute wieder zutexten wird? Und ob ich dabei wohl wieder ausflippen werde wie letztes Mal? Oder diesmal an mich halten kann? Und wie nebenbei hat sich die Tasse Kaffee getrunken und das Marmeladenbrötchen gegessen …

Und dann trittst du vors Haus, und du fragst dich: Fällt mir denn überhaupt noch der Kastanienbaum auf der anderen Straßenseite auf? Oder die kunstvoll geschmiedeten Bogenlaternen aus dem vorigen Jahrhundert, die meine Straße säumen? Der Garten des Nachbarn mit der frisch geschnittenen

Hecke und dem Kirschbaum, dessen Wipfel ich gerade noch erblicken kann? Der Radfahrer, welcher mit Helm und übergehängter Tasche an mir vorbeiradelt und die Hand zum Gruße erhebt?

Guck ich kurz mal nach oben, bevor ich die Autotür öffne? Um zu sehen, wie der Himmel heute aussieht? Strahlend blau oder düster? Wolkenlos, wolkenverhangen, und sind sie hell oder dunkel, die Wolken? Spüre ich den Wind? Oder sind es schon wieder Gedanken, die mich beherrschen? *Mein Gott, ist das kalt geworden. Vor zwei Wochen war es noch sommerlich warm. Und jetzt schon so kühl. Mistwetter. Hätte doch noch ein wenig länger warm sein können. Na ja, vielleicht erleben wir ja endlich mal wieder einen goldenen Oktober. Zeit dafür wär's ja ...*

Überprüfen genügt, damit die Gewohnheit sich ändert! Weg vom Minden* hin zur sinnlichen Wahrnehmung der Welt. So sinnlich, wie Kinder vor dem fünften Lebensjahr die Welt noch wahrnehmen.

Überprüfen macht *bewusst*. Und einzig Bewusstsein führt in die sinnliche Wahrnehmung zurück, ohne dass wir etwas tun müssten. Es lockert den Zugriff des rigiden Minds und aktiviert die ruhenden, weil lahmgelegten Ressourcen der sinnlichen Wahrnehmung. Warum Menschen wohl glauben, sie könnten durch gute Vorsätze und Willenskraft Gewohnheiten ändern, obgleich die Versuche fast alle scheitern?

Der Mind wird dir einreden wollen, du könntest die U-Bahn verpassen oder wichtige Dinge vergessen, die dich den Job kosten könnten, wenn deine Energie vor allem in die

---

* Minden ist meine Bezeichnung für einen hauptsächlich mit Bewertung und Überlegung beschäftigten Mind.

sinnliche Wahrnehmung fließt. Doch das ist barer Unsinn. Mach nur für einen einzigen Tag die Probe aufs Exempel, und du wirst feststellen, wie gut dein Gehirn immer noch funktioniert, obgleich du dich von den meisten Gedanken zugunsten der Sinne verabschiedet hast.

Klara aus Hamburg schreibt:

Ich war mir, obwohl ich ja Klara heiße, weiß Gott nicht im Klar(a)en darüber, wie sehr meinen Mind Gedanken auf Trab halten. Meine Güte! Was für ein Müll, den meine kleinen grauen Zellen täglich da durchleiten! Ich wollte die Übung deshalb gleich nach dem ersten Tag aufgeben, stellte jedoch zu meiner großen Überraschung am zweiten Tag fest, dass ich es gar nicht mehr konnte! Immer wieder stellte sich ganz von allein so eine Art Automatismus ein, der mich auf den Gedankenkram aufmerksam machte. Das Allerverrückteste war, dass im gleichen Moment, in dem mir der Gedankenmüll bewusst wurde, meine Sinne ansprangen. Da wurde mir plötzlich bewusst, dass sowohl die Gedanken als auch die sinnliche Wahrnehmung ein Event sind, also etwas, das einfach passiert. Meine Güte! Also, was ich meine, ist, dass keiner da ist, der denkt, und auch keiner, der sinnlich wahrnimmt. Das eine springt an, und das andere springt eben auch an. Anfangs war ich immer ziemlich frustriert, wenn ich bemerkte, dass die Gedanken wieder mal nichts als Müll produzierten. Nachdem die Zeitperioden aber immer kürzer werden, hab ich die Hoffnung, dass sie vielleicht sogar noch ganz storniert werden, so dass mein Konto im Sein ist und nicht mehr im Soll-Sein.

Strategie Nr. 5: Klarheit gewinnen über die Freiheit des Willens

Ein Illusionist ist dafür bekannt, Illusionen zu schaffen, die durchaus real wirken. David Copperfield ließ einen Waggon des Orient-Express in der Luft schweben und verschwinden. Man kann unmöglich behaupten, der schwebende Waggon habe nicht existiert. Schließlich hatten ihn Millionen mit eigenen Augen gesehen. Und man konnte ihn zuvor sogar berühren. Dennoch beruhte die Vorführung auf Illusion. Der Zuschauer ist hinters Licht geführt worden.

Und genauso verhält es sich mit dem freien Willen: Dass er existiert, bestreitet niemand. Der Beweis liegt auf der Hand. Täglich kann ich mich entscheiden, morgens aktiv aufzustehen oder im Bett liegen zu bleiben und den Tag tranig zu verschlafen. Und dieses Prinzip gilt natürlich auch für alle anderen Entscheidungen. Wir sind offenbar Individuen mit der Fähigkeit, uns für oder gegen einen Gedanken, ein Gefühl oder eine Handlung zu entscheiden. So erscheint es uns jedenfalls, nicht wahr?

Hast du aber schon jemals eine bereits getroffene Entscheidung folgendermaßen hinterfragt: *Wie genau kam es eigentlich zu dieser Entscheidung?* Wie wär's? Mach doch gleich mal die Probe aufs Exempel, indem du jetzt ganz bewusst die Entscheidung triffst, an etwas Wunderwunderschönes zu denken ...

Passiert? Nun überprüfe diesen Gedanken bitte mit folgender Frage: *Wie kam es eigentlich zu der Entscheidung, an genau dieses Schöne zu denken?* Nun lass den gesamten Vorgang Revue passieren. Tu es bitte möglichst objektiv und unvoreingenommen, und lies erst danach, zu welchem Ergebnis ich komme ...

Hier mein Ergebnis: Zunächst habe ich dir den Vorschlag dieser Überprüfung gemacht. Du hättest dich ihm verweigern können, und wer weiß, vielleicht hast du ja tatsächlich einfach weitergelesen. Aber selbst wenn es so gewesen wäre, stellt sich in jedem Fall folgende Frage: WER hat sich dafür entschieden weiterzulesen? Könnte der Verweigerer meiner Empfehlung tatsächlich behaupten: »Ich« habe mich zu einem bestimmten Zeitpunkt ganz bewusst dafür entschieden, mich dieser Empfehlung zu verweigern? Oder war es nicht vielmehr so, dass ein Impuls dazu führte? Ein Impuls, über den keine Kontrolle ausgeübt wurde?

Nehmen wir andererseits an, du wärst meinem Vorschlag gefolgt. Wäre dann das Ergebnis der Überprüfung wohl ein anderes? Könntest du dann wirklich behaupten: »Ich« habe ganz bewusst die Entscheidung getroffen, deinem Vorschlag zu folgen? Oder war es nicht vielmehr so, wie wir es schon bei der Verweigerung festgestellt haben: Ein unkontrollierter Impuls führte zu der Entscheidung.

Natürlich stünde es dir frei, in beiden Fällen auf die Frage »Wer hat die Entscheidung getroffen?« zu behaupten: *Natürlich ICH, wer denn sonst?* Würde diese Ich-Aussage jedoch angesichts eines Impulses, über den du offenbar keinerlei Kontrolle hattest, mehr bedeuten als die Möglichkeit, nicht zwingend in der dritten Person von dir selbst reden zu müssen? Wie das übrigens jedes Kleinkind ohne Ich-Vorstellung noch tut: *Mama soll zu Bert kommen! Bert will sein Zimmer nicht aufräumen. Bert mag keinen Spinat.*

Wäre es angesichts des Ergebnisses der Überprüfung nicht angebracht, folgende Schlussfolgerung zu ziehen?

Du kannst zwar tun, was du willst, aber du kannst in jedem gegebenen Augenblick deines Lebens nur ein Bestimmtes *wollen* und schlechterdings nichts anderes als dieses eine. Dies ist ein Zitat des deutschen Philosophen Arthur Schopenhauer. Später wurde aus dieser Aussage das bekannte, besser verständliche, doch verkürzte Zitat: *Der Mensch kann zwar tun, was er will, jedoch nicht wollen, was er will.* Übrigens bezog sich Albert Einstein auf diese Aussage, als er den viel zitierten Satz formulierte: *Ich weiß ehrlich nicht, was die Leute meinen, wenn sie von der Freiheit des menschlichen Willens sprechen. Ich spüre, dass ich meine Pfeife anzünden will, und tue das auch; aber wie kann ich das mit der Idee der Freiheit verbinden?«*

Was immer du tust, getan hast, tun wirst – »du« tust es nur, solange du noch daran zu glauben vermagst, dass ein eigenständiges und homogenes Ich existiert, das de facto über Gedanken, Gefühle und Handlungen entscheidet. Dieser Glaube ist eine immense Fähigkeit, denn er setzt sich ganz und gar über die Faktenlage hinweg.

Wird dieser Glaube zerstört, bedeutet das nicht, den freien Willen nicht mehr zu gebrauchen oder gar nicht mehr gebrauchen zu können. Das wäre im praktischen Alltag ja auch völlig unmöglich. Ich muss Wahlmöglichkeiten haben. Beispielsweise einen Partner zu heiraten oder nicht, mich einer Operation zu unterziehen oder nicht, eine Beförderung anzunehmen oder nicht. Nur bin ich mir nach der Desillusionierung gewiss, dass ich »in Wahrheit« nicht selbst handle. In keinem Falle, ganz gleich, ob dafür oder dagegen. Durch mich oder mit mir wird vielmehr gehandelt. So schaut's aus.

Nun magst du fragen: Wer ist es denn, der da denkt, entscheidet und handelt? Nun, das wusste nicht einmal Siddhartha Buddha. Auch ich gebe ihm keinen Namen. Muss ihm auch keinen geben. Ich brauche jedoch nur einen Grashalm, eine Blume, einen Baum, einen Ameisenhaufen, einen Bienenstock oder den Abstand der Sonne zur Erde zu betrachten, um dem, was mich denkt, mich entscheidet und handelt, vollständig vertrauen zu können. Ich brauche nur zu realisieren, wie atemberaubend genial, weise und kunstvoll diese Welt inszeniert und organisiert ist, um jene ordnende Kraft und unfassbare Weisheit hinter der Welterscheinung sehen zu können.

Ist erst einmal klar, dass Menschen nicht tun, was sie wollen, sondern wollen, was sie tun, fällt eine der schwersten Bürden von unseren Schultern: Schuldgefühle und damit einhergehende Selbstanklagen nämlich. Denn nun ist glasklar: Ich habe im Leben nie etwas falsch und natürlich ebenso wenig je etwas richtig gemacht. Und zwar schlicht deshalb, weil ich nie etwas machte. All meine Entscheidungen wurden ohne (m)ich getroffen. Ich war nur das Instrument, nur das Werkzeug, das Fahrzeug. Ich dachte nur, dass ich dies oder jenes tun wollte, in Wahrheit wollte ich jedoch, was ich tat, und was ich jeweils wollte, war nicht unter meiner Kontrolle.

Was aber für mich gilt, muss natürlich auch für jeden anderen gelten. Und so werde ich schon bald unfähig, Menschen für deren Handeln anzuklagen. So sehr es mich stört, so ungerecht oder töricht ich es auch empfinden mag, *vorwerfen* kann ich dem anderen nichts mehr. Schlicht deshalb, weil mir bewusst ist, dass es zwar Taten gibt, jedoch keinen Täter. Was übrigens schon Buddha feststellte: »Taten, die gibt es, allein ein Täter findet sich nicht.«* Die Formulierung lässt darauf schließen, dass Siddhartha Buddha nach dem Täter

* Visuddhi Magga XVI (Pass of Purification/ Die größte und älteste Darstellung des Buddhismus)

suchte, ihn aber nicht fand. Da ging es ihm damals wie den modernen Hirnforschern heute mit ihren Experimenten, die den Beweis erbringen, dass die Entscheidungen, die wir treffen, bis eine halbe bis ganze Sekunde (die Länge variiert) bevor wir sie überhaupt kennen, in einem Bereich unseres Gehirns, der uns nicht bewusst ist, getroffen wurden.*

Die Überprüfung selber ist simpel: Erinnere dich an eine Entscheidung, von der du zu 100 Prozent überzeugt bist, sie in eigener Regie getroffen zu haben. Dann frag dich, wie sie zustande kam. Was geschah zuvor? Gab es äußere Umstände, die die Entscheidung beeinflussten? Schreib sie auf. Dann überlege, ob es nicht vor der Entscheidung einen inneren Impuls gab, der die Entscheidung herbeiführte. Schreib das Ergebnis auch auf. Und nun überlege, ob du aufgrund der Faktenlage überhaupt noch behaupten kannst: »Ich« habe die Entscheidung getroffen! Oder ob es nicht vielmehr so war, dass Umstände zusammen mit dem Handlungsimpuls unweigerlich und unumkehrbar zu der jeweiligen Entscheidung führten. Es sollte mich wundern, wenn du zu einem anderen Ergebnis kommen solltest.

Natürlich wirst du zunächst verblüfft sein. Weil du ja höchstwahrscheinlich bisher davon überzeugt warst, Herr über deine Entscheidungen zu sein. Und somit kannst du auch davon ausgehen, dass das Ergebnis der Überprüfung eine gewisse Zeit braucht, um die alte Denkgewohnheit im Gehirn abzulösen.

Diese Phase ist nicht ganz leicht zu überstehen, denn hier kämpfen scheinbar zwei verschiedene Kräfte gegeneinander: alte Denkgewohnheit gegen Wirklichkeit. Ist die Phase jedoch

* http://www.zeit.de/2008/17/Freier-Wille

abgeschlossen, wirst du frei sein von Schuldgefühlen, Selbstanklagen und einer vorwurfsvollen Grundhaltung gegenüber Menschen, deren Handeln du als solches nicht gutheißen kannst. Und das ist ein immenser Gewinn. Eine Psychotherapeutin bekannte mir einmal, dass die Praxen voll sind mit Menschen, die genau darunter leiden und deshalb mit Psychopharmaka vollgepumpt werden.

Margarete aus Bad Wimpfen, die diese Strategie angewandt hat, schreibt:

Lieber Werner, der Macher ist entlarvt! Du weißt ja, wie ich oft verzweifelt war, dass sich bei mir nichts getan hat. Und wie überraschend es dann doch war, durch einfache Überprüfung, dass »es« stattgefunden hat. Sechs Jahre bin ich bei dir, davon 2 Jahre intensiv. In letzter Zeit hatte ich ja immer das Gefühl, wenn ich im Seminar war, dass ich an eine Steckdose angeschlossen war. Als es passierte, wartete ich auf den Frieden, Stille, Feuerwerk oder irgendwas anderes, aber es kam nichts. Alles war wie vorher, nichts hat sich verändert, nur das Wissen, dass es dieses Ich nicht gibt. Heute ist eine Woche vergangen. Was sich bis jetzt verändert hat, das ist, dass da kein Leiden mehr ist. Auch die Suche hat aufgehört. Jetzt gibt es nichts mehr zu tun. Ständig ein Dauergrinsen im Gesicht, und innerlich ist irgendwie Ruhe, Stille, trotz all dem Lärm, der da ist. Es ist alles wie immer und trotzdem ganz anders, kann das gar nicht ausdrücken, was da anders ist. Das Wort Erleuchtung löst in mir so einen großen Lachanfall aus. Es ist unglaublich, was für Vorstellungen in meinem Kopf herumschwirrten. Große Dankbarkeit ist da.

Strategie Nr. 6: Einen fatalen Denkfehler erkennen

Um es gleich auf den Punkt zu bringen: Der Denkfehler besteht schlicht und ergreifend darin, einen Zustand zu erwarten, in dem du bereits bist, immer warst, immer sein wirst, den du jedoch genau deshalb nicht einmal annähernd erfährst, *weil* du ihn erwartest.

Hier ist die Crux. Hier, nirgendwo sonst. Und es ist wirklich nur ein Denkfehler. Noch dazu ein korrigierbarer.

Nun bin ich mir natürlich bewusst, dass genau diese Formulierung dich auf der Spur hält – der Erwartungsspur nämlich. Denn was passiert, wenn du liest, dass es sich um einen Denkfehler handelt? Du versuchst ihn nicht mehr zu machen und fragst daher: Was mache ich denn eigentlich falsch?

Mit dieser Frage jedoch bleibst du auf der Erwartungsspur. Und genau das ist der Denkfehler.

Da vorne. Da ist es. Hier nicht. Ich aber sage: Hier ist es. Hier. Niemals dort!

Diesen Denkfehler nicht mehr zu machen ist wirklich ein Klacks. Es ist überhaupt nichts Besonderes. Und genau darin liegt das Besondere. Die Besonderheit, auf die du fixiert bist, die erwartet alle Welt. Egal auf welchem Gebiet: Umfeld. Job. Sex. Partnerschaft. Finanzen. Religion. Spiritualität. Überall das gleiche Prinzip. Denn was will denn ein jeder? Etwas, das er (noch) nicht hat. Etwas da vorne. Nur nicht hier. Oh nein. Das hier kenn ich ja. Das hier ist ja nix Besonderes! Ist es nicht so?

Nur weil die wenigsten Menschen das, was hier ist, gerade hier und nicht dort, wertschätzen können, erscheint es nicht wertschätzenswert. Jenes hier, niemals dort.

Du liest es womöglich und denkst: Wow! Gute Formulierung: *Es ist hier.* Immer hier. Niemals dort! Und anschlie-ßend sofort: *Was mache ich nur falsch? Denn ich erfahre das nicht. Würde ich es erfahren,* würde ich mich doch HIER gut fühlen! Also, was mache ich nur falsch?

Einzig falsch ist dieser Gedanke. Und die ihm auf dem Fuß folgende Sichtweise.

Hier ist der Switch. Hier, niemals dort.

Und du schon wieder: Ach *das* mach ich falsch! Ja, natürlich, klar, hier ist der Denkfehler. Doch dann: Ach, aber… wie kann ich ihn nur nicht mehr machen? In Zukunft… Und schon wieder bist du auf dieser Spur, der Erwartungsspur, die nirgendwo hinführt, sondern dich bombenfest wie ein Sekundenkleber an der Leitplanke festhält.

Dann liest du womöglich in einem schlauen Buch über ZEN: *Es ist existentiell, nicht intellektuell.* Und noch immer bist du da vorne. Nicht hier. Denn du hast natürlich diese *existentielle* Erfahrung noch nicht gemacht.

Und dann ist da womöglich noch ein anderer Leser, der schmunzelt schon die ganze Zeit über. Und erinnert sich an jene goldenen Zeiten, als er noch den gleichen Denkfehler machte. Den Denkfehler, der ihn auf der Linie der Zeit hielt. Auf diesem Trip in die ewige Zukunft. Denn so wie er ist, so konnte er doch unmöglich *richtigliegen.* Mit dieser starken Involvierung, wenn er von anderen angegriffen oder, noch schlimmer, nicht beachtet wurde. Mit dieser starken Tendenz zur sexuellen Begierde. Mit dieser schlechten Gewohnheit, zu rauchen oder über den Durst zu trinken. Mit dieser Tendenz, die Dinge zu ernst zu nehmen. Mit dieser Tendenz zur Melancholie oder gar zur Entleibung…

Das alles ist Dünnschiss. Freilich nur im Gehirn.

Der Denkfehler produziert Dünnschiss im Gehirn.

Ja, ist mir bewusst, magst du sagen, *so ist es, aber wie krieg ich ihn weg? Den Denkfehler. Wie kann ich ihn vermeiden?*

Indem du ihn nicht mehr machst!

Aber wie vermeide ich ihn – zukünftig?

Lineares Denken hält dich auf dem Zeitpfeil. Merkst du es nicht? *Da vorne. Dort. Niemals hier.* Aber mehr als das Hier gibt es nicht. Außer in Gedanken natürlich.

Ja, und jetzt kommt, wie könnte es anders sein, der Einwand: *Aber meine Lebensgeschichte erzählt sich halt so! Was soll ich da machen! Ich kann ja nichts dagegen machen! Ich hab ja schließlich keinen freien Willen! Hast du selbst im letzten Kapitel behauptet! Und ich hab's überprüft. Du hast recht.*

Ach ja! Plötzlich! Vorher aber nicht! Warum jetzt und nicht vorher? Als es um die Frage ging, ob es da vorne überhaupt jemals etwas anderes geben kann als da vorne! Ein immer neues *da vorne.* An jedem beschissenen Tag eines Lebens, das ständig woanders ist und daher niemals hier. Als sich die Frage stellte, hat sich der gewitzte Mind nicht davon abbringen lassen, dass die Erfahrung des »niemals dort, immer hier« irgendwo anders sein muss. Jetzt aber, jetzt ist es plötzlich sonnenklar: *Ich denk das ja alles nicht. Ich kann ja auch gar nichts dagegen machen!*

Wenn der Mind sich total in die Ecke gedrängt fühlt, fällt ihm plötzlich ein, was spirituell korrekt ist: *Ich denk ja nicht. Ich kann also nix dafür, dass ich diesen Denkfehler mache.* Und auf diese Weise kann er weiter regieren.

Der Mind will überleben. Will die Kontrolle nicht aufgeben. Um keinen Preis. Selbst um den Preis, sich selbst weiterhin zu belügen: *Es muss, muss, muss da vorne etwas geben, das ich noch nicht kenne!*

Es ist *nur* der Mind, der das sagt. Es ist einer seiner Fürze, die ekelhafter stinken als faule Eier! In meiner Nase zumindest. Und nur aus einem einzigen Grund: Er will dominieren. So hat er's gelernt. Von Kindesbeinen an.

Ja, aber warum nur, wieso nur ist er so stark? Wie kann es denn sein, dass das, was ich wirklich bin, derart vom Mind dominiert wird? Kann das denn sein?

Wiederum der Mind! All diese Fragen sind schlicht großartige, faszinierende Überlebensstrategien des Minds. Und dabei ist er äußerst geschickt. Sie klingen so überaus logisch, dass du den wahren Grund überhaupt nicht zu checken in der Lage bist. Und der ist: Ich will, ich muss überleben, muss das Zepter in der Hand behalten! Das ist das Gesetz allen Lebens: Um jeden Preis überleben! Weshalb sollte der konditionierte Mind anders geartet sein als dein Bein, deine Lunge oder dein Auge?

Leben ist hier. Nicht dort. Niemals dort. Also sei hier. Ohne von deinen Gedanken zu verlangen, immer und in jedem Fall hierzubleiben. Das können die gar nicht. Sie sind dazu da, um die Zukunft – und wenn's nur der nächste Tag ist – zu planen. Oder aus vergangenen »Fehlern« zu lernen.

Die meisten spirituellen Menschen, die im »Hier und Jetzt« leben möchten, wollen die *Funktion* des Minds unterbinden. Das funktioniert aber nicht. Außer, du wirst dement. Oder so ein Verdränger, der bei jedem zweiten Satz sagt: *Naja, aber so muss es halt sein. Es ist schon okay, so wie es ist. Weißt du, ich lebe immer hier und jetzt.*

Dabei ist das nur Selbstsuggestion.

Nein, der Mind macht nur seine Arbeit. Also stör ihn nicht dabei, indem du dir suggerierst, es sei schon in Ordnung, es sei schon okay, dass dich dein Mann verprügelt, der

Hund auf den Perserteppich kackt, dein Chef auf deinen Nerven rumtrampelt, dein Auto nicht mehr anspringt, obgleich der Winter längst vorbei ist.

Ach so, aber was meinst du denn dann?

Leben mein ich. Und dazu gehört eben auch, dass sich Dinge verändern lassen, die nicht angenehm erscheinen. Es geht nicht um Akzeptanz! Wie solltest du denn akzeptieren können, wenn du einen Vergewaltiger »bei seiner Tätigkeit« beobachtest? Um ein besonders drastisches Beispiel zu nennen.

Worum geht es denn dann?

Noch mal: ums Leben. So, wie es ist. So, wie du es erfährst.

Und wenn *das* akzeptiert werden kann, und zwar samt der Nichtakzeptanz, die immer erscheint, bevor das Leben Veränderungen einleitet, dann machst du jenen Denkfehler nicht mehr, der dir alles, selbst das Schöne im Leben, versaut.

Und wie komm ich dahin?

Wenn dieser Gedanke dich auf der Erwartungsspur halten will, machst du von nun an den Denkfehler nicht mehr, ihn für »wahr« zu halten. Er taucht jetzt nur noch aus Gewohnheit auf, aus keinem anderen Grund. Du aber gehst ihm nicht mehr auf den Leim. Und so wird er sich schließlich abmelden. Denn das Gehirn hält nur an Reaktionen fest, die ihm nützlich erscheinen. Und den Beweis der Nützlichkeit liefert die Wiederholung. Nicht etwa der tatsächliche Nutzen.

Wer eine Zigarette nach der anderen raucht, suggeriert seinem Gehirn, ob er das nun will oder nicht, die Nützlichkeit des Rauchens. Durch den wiederholten Genuss ist es schließlich davon überzeugt, dem Körper etwas Gutes zu tun, und so entwickelt sich eine Sucht, obgleich sie dem Körper abträglich ist. Wie wird diese Überzeugung entankert? Indem es eine neue Überzeugung gewinnt, die durch Wiederholung ebenso verinnerlicht wird wie zuvor die der Nützlichkeit des Rauchens. Ist die Phase der Neukonditionierung beendet, bedarf es keiner Überzeugungsarbeit.

Ist die Phase der Neukonditionierung vorüber, erscheint der Denkfehler nicht mehr oder nur noch so schwach, dass er keinen Schaden mehr anrichten kann.

Du merkst: Es geht im Grunde genommen bei allen Strategien um mehr Bewusstsein. Licht vertreibt Finsternis. Es wäre sinnlos, Finsternis mit anderen Mitteln vertreiben zu wollen.

Du musst dich nicht bemühen. Bemühung verstärkt nur den Denkfehler. Alles, wogegen du bist, intensiviert sich. Es ist wie mit einer Feder, die du zusammendrückst. Irgendwann lässt deine Kraft nach, und sie springt umso kraftvoller zurück.

Ilse aus Leipzig wurde von dieser Strategie angezogen wie von einem Magnet und schreibt mir:

Lieber Werner, nur ein Denkfehler, ja, und wenn ich auch nicht sagen kann, dass ich ihm nie mehr auf den Leim gehe, erkenne ich ihn jetzt meistenteils ziemlich flugs. Das ist das Wunderbare, dass ich das im Alltag erlebe und nicht mehr nur während der Meditation. Da ist mir eigentlich schon immer klar gewesen, dass der Mind mich in die Zukunft tragen will, an einen Ort, an dem ich jetzt noch nicht bin. Und selbst beim Meditieren war es oft unmöglich, solche Gedanken zu stoppen. Weil mir halt einfach noch nicht klar war, dass es sich nur um einen Denkfehler handelt, also dass der Gedanke gar nicht »wahr« ist, und sobald ich das dann wieder realisiere, ist mir zum Lachen. Ich hab sogar den Eindruck, dass er nicht ausgelacht werden will, denn sobald ich lachen kann, verdünnisiert er sich ganz von alleine. Das ist jetzt schon ein ganz anderes Leben. Die Durststrecke jedenfalls ist vorbei.

Strategie Nr. 7: Zugang zur Wirklichkeit durch den Faktencheck

Ist dir schon einmal aufgefallen, dass du als Person immer in einem Kontext erscheinst? Du magst sagen: *Aber wie sollte ich denn anders als in einem Kontext erscheinen?* Du hast recht. Das ist völlig unmöglich. Du als Person bist ohne Kontext nicht mal existenzfähig. Du brauchst den Boden, um stehen und laufen, die Luft, um atmen, Speise und Trank, um Energie tanken zu können. Und freilich auch Menschen, um interagieren zu können. Doch wenn dem so ist – und es ist fraglos der Fall –, ist die nächste Frage, weshalb du dich als Person und den Kontext, in den die Person gestellt ist, in deiner Wahrnehmung trennst?

Du sprichst von »meiner« Lunge, jedoch von »der« Luft, die sie einatmet. Du sagst: »Mein« Magen, sprichst jedoch von »der« Speise, die in ihn gelangt. Du sagst: »Meine« Füße, sprichst jedoch von »der« Erde, auf der sie stehen und laufen. Du sagst: »Meine« Hände, sprichst jedoch von »dem« Besteck, das sie gebrauchen. Das bedeutet: Unsere Person und das, was sie ausmacht bzw. »was an ihr dran« ist, bezeichnen wir als mein(e). Was sie umgibt, empfinden wir nicht als uns zugehörig. Wir ziehen also an unserer Hautoberfläche eine Grenze, die es in Wahrheit nicht gibt.

Immer ist doch mit dem Erwachen der Person am Morgen auch alles andere vorhanden, nicht wahr? Das Bett, das Nachtkästchen, der Wandschrank, die Kommode, das Fenster, die Jalousie, das Bild an der Wand. Nie kannst du unabhängig von den Dingen, die dich umgeben, erwachen. Und natürlich auch tagsüber nicht existieren.

Manch einer kommt auf die Idee, sich unabhängig(er) zu machen. Weniger dies, weniger das: Fernsehen, Essen, Alkohol, Zigaretten, Glücksspiele, Sex etc. Und hat er es tatsächlich geschafft, fühlt er sich unabhängig. So nützlich es sein mag, sich von bestimmten Gewohnheiten unabhängig zu machen, bleibst du in jedem Fall abhängig von der Sonne, dem Regen, der Schwerkraft, der Atmosphäre, der Fauna, der Flora, ja, sogar vom schnöden Mammon.

Überprüfe meine Behauptung. Glaub mir kein einziges Wort. Du als Person bist vollständig eingebunden in einen Kontext, ohne den du unmöglich zu existieren vermagst. Du kannst an der Oberfläche deiner Haut nur eine künstliche, keine wirkliche Grenze ziehen.

Im Grunde genommen müssten wir ebenso, wie wir von *meiner* Hand, *meinem* Fuß, *meinem* Kopf, *meinen* Haaren sprechen, auch von *meiner* Sonne, *meiner* Atmosphäre, *meiner* Erde, *meinem* Wald, *meinen* Bergen, *meinen* Straßen sprechen. Doch dies tun wir nur dann, wenn uns etwas gehört, wie zum Beispiel »mein« Auto, »mein« Haus oder »mein« Geld.

Um den Standort oder den Besitz zu bestimmen, ist die Bezeichnung ich und du, mein und dein sicher wertvoll und im Grunde auch unabdingbar. Über den praktischen Aspekt der Existenz hinaus sind diese Begriffe jedoch irreführend. Schlicht deshalb, weil du als Person immer auf das dich Umgebende bezogen bist.

Noch einmal: Was geschieht, wenn du morgens die Augen

aufschlägst? Sofort ist eine Erlebniswelt da. Oder nicht? Und inmitten der Erlebniswelt natürlich auch jene Person, die du mit »ich« bezeichnest. Wenn jedoch evident ist, dass es eine Person ohne Kontext nicht gibt, dann musst du die Welt sein und nicht allein die Person, mit der du aus funktionalen Gründen weitaus mehr identifiziert bist als mit dem, was sie umgibt. Das Getrenntheitsempfinden jedoch ist in jedem Fall Illusion.

Dies kann auf rationale Weise überprüft und festgestellt werden. Du brauchst zu dieser Erkenntnis weder psychogene Drogen noch jenes spontane Erlebnis, das man *spirituelles Erwachen* nennt. Nicht, dass es diese Erfahrungen nicht geben würde. Die Unzertrennbarkeit der Wirklichkeit können wir auf ganz unterschiedliche Weise erfahren. Der gesunde und ungefährliche Zugang jedoch ist der Faktencheck.

Wahrscheinlich ist es mit einem Mal nicht getan. Das Gehirn ist schlicht überfordert, die alte Sichtweise von heute auf morgen aufzugeben. Es ist wie mit allen Denkgewohnheiten: Sie brauchen ein wenig Zeit, um sich etablieren zu können. Doch je öfter der Faktencheck stattfindet, desto weniger dürfte sich der Trennungsgedanke bzw. das Getrenntheitsempfinden durchsetzen können.

Wie bereits erwähnt, die Strategien sind typbedingt. Was für den einen »der« Zugang zur Wirklichkeit ist, ist in der Wahrnehmung eines anderen ohne Bedeutung.

Peter aus Offenburg fand diese Strategie attraktiv und schreibt:

Hi Werner, ich war ein Einheitsfanatiker, wie du weißt. Aber ich hatte da so ein Eso-Konzept im Hinterkopf, wie ich jetzt weiß. »Alles ist eins« stimmt einfach nicht. Alles ist das Eine stimmt. »Das Eine drückt sich in allem aus« habe ich bei dir gelernt. Und ja, das macht viel mehr Sinn. Ich hab mich immer gewundert, dass ich mit vielem von dem was ich in der Welt wahrnahm, nicht eins sein kann. Bei vielem sträubten sich meine Nackenhaare. Ich dachte dann immer, dass der Trennungsgedanke noch Macht über mich besitzt. Mir war aber nicht klar, dass Einheit eine Tatsache ist, kein Gefühl. Das wurde eigentlich schon klar, als wir in der Session überprüft haben, ob ich ohne Boden, ohne Luft, ohne Sonne, ohne Speise und Trank existieren kann! Ich bin zweifelsohne stets und überall in einen Kontext gestellt, ohne den ich ebenso wenig existieren kann wie ohne meinen Kopf oder Rumpf. Und das gilt doch auch wenn mein Kopf weh tut. Mein Chef macht mir manchmal Kopfschmerzen, trotzdem brauche ich ihn, um meine Brötchen zu verdienen. Ich bin nicht mit ihm eins, doch es gibt einen Kontext, der mich mit ihm verbindet. Ich war aber nicht nur auf das Konzept der Einheit, sondern auch auf das Konzept der Freiheit fixiert. Beide Konzepte verlor ich bei dir. Ich habe meine Abhängigkeit von so vielem erkannt. Aber anders funktioniert das Leben doch gar nicht. »Alles ist von allem abhängig.« Das ist die Einheit, die ich immer suchte, aber nicht finden konnte, weil sie nur ein Mind-Konzept war. Die vorhandene Einheit ist nicht zu durchtrennen, auch dann nicht, wenn ich wieder mal mit meinem Chef streite, und das tue ich immer noch, nun aber meistens ohne das Gefühl der Getrenntheit. Danke.

Strategie Nr. 8: Umfassende Überprüfung

Wenn wir morgens aufwachen und das Gehirn nicht noch mit Traumerinnerungen beschäftigt ist, sind Objekte da. Auch wenn sie (bei völliger Dunkelheit) nur gespürt oder gehört oder gedacht werden.

So spüren wir womöglich die Müdigkeit in den Knochen, die Wärme des Körpers unter der Bettdecke, hören womöglich das Ticken des Weckers. Oder das Atmen des Partners. Dann schießt der erste Gedanke ins Hirn: *Wie spät ist es eigentlich?* Daraufhin wird der Arm mit der Uhr und dem beleuchteten Zifferblatt zum Auge geführt. Der nächste Gedanke: *Oh je, schon so spät!* Der Chef und sein vorwurfsvoller Blick erscheinen womöglich vor dem geistigen Auge. Er treibt dich aus dem Bett und unter die Dusche. Und so geht das dann weiter. Eine Handlung erzeugt jeweils die nächste, und ehe du drüber nachdenken kannst, dass du im Grunde genommen den ganzen Tag über nach dieser Handlungskette funktioniert hast, bist du schon wieder müde und legst dich schlafen. Damit aber erscheint die womöglich schockierende Aussage von Professor Dr. Metzinger plötzlich schlüssig: *Jeder einzelne Gedanke, den Sie in den nächsten 30 Jahren denken werden, wird durch den jeweils vorhergehenden Zustand des Universums determiniert sein.*[*] Weil eins das andere ergibt. Und die Instanz, die wir »Ich« nennen und von der wir glauben, sie sei der Regisseur unseres Daseins, zerschmilzt wie Eis in der Mittagssonne.

Von morgens bis abends und selbst während du in der

[*] http://www.focus.de/gesundheit/news/medizin-atombomben-fuer-das-ich_aid_217283.html

Nacht träumst, führen Gedanken und Impulse zu Handlungen und Handlungen wiederum zu Impulsen oder Gedanken. Da ist keiner, der diesen Prozess unter Kontrolle bringt oder bringen könnte. Selbst wenn du dir vornimmst, dich in Gedankenkontrolle zu üben, stellt sich doch sofort die Frage: Wie kam es denn zu dem Gedanken, mich in Gedankenkontrolle zu üben? Habe ich mir wirklich eigenständig bzw. in eigener Regie vorgenommen, mich in Gedankenkontrolle zu üben? Oder war es nicht vielmehr so, dass (beispielsweise) die provokante Aussage des eben zitierten Professors zu einer Art Trotzreaktion und anschließend zu dem Vorsatz geführt hat, mir selbst zu beweisen, dass ich meine Gedanken sehr wohl zu kontrollieren vermag! Eins führt zum andern!

Dieses Prinzip ist rational überprüfbar. Es ist mitnichten eine Behauptung, die auf keinerlei Indizien beruht. Nur scheinbar bist du der Denkende und der Handelnde. Vom Gefühl her. Die Faktenlage ist jedoch eine andere.

Wenn das aber so ist, dann existieren lediglich Objekte, und du selbst, also dein eigener Körper-Geist-Organismus, bist nur ein Instrument in diesem Konzert. Im besten Fall lässt sich sagen, dass du essentiell das bist, was die Objekte und deren Bewegungen wahrnimmt. Angefangen des Morgens im Bett, wenn man erwacht und der Organismus seine Bedürfnisse äußert oder an Pflichten erinnert. Du nimmst dies alles nur wahr. Du tust letztlich nichts. Alle Handlungen geschehen von selbst. Und wären sie von Stöhnen und Ächzen begleitet, ist das kein Beweis dafür, dass eine Handlung dich anstrengt, sondern verweist lediglich auf einen Körper, in dem ein Widerstand erscheint, der Ächzen oder Stöhnen auslöst.

Die Überprüfung, die in der Frage besteht: »Bin ich der Denker, oder gibt's nur Gedanken, bin ich der Täter, oder geschehen nur Taten?«, ist vermutlich die Methode mit der höchsten Effizienz, um anschließend nicht mehr zu leiden. In meiner Erfahrung jedenfalls war sie es. Ich war anschließend nicht mehr fähig, daran zu glauben, dass ich jemals im Leben irgendetwas gedacht, entschieden oder getan hatte. Und so fiel eine immense Last von meinen Schultern, die vor allem in Selbstanklagen und Vorwürfen gegenüber anderen Menschen bestanden hatte. Wem diese Überprüfung zu schnell geht, der kann mit den *Basics* beginnen. Das sind dann folgende Fragen:

- Atme ich, oder funktioniert Atem automatisch? Und ist es nicht sogar so, dass es schwerer fällt, nicht zu atmen, als zu atmen?
- Lasse ich mein Herz schlagen, oder schlägt es unabhängig von meinem Vorsatz und Willen?
- Befehle ich meinem Darm, meiner Milz, meinem Magen, meiner Leber, meinen Nieren, meiner Blase zu funktionieren, oder tun sie das selbst dann, während ich schlafe?
- Sorge ich dafür, dass Blut durch meine Adern gepumpt wird, oder tut das ohne Unterlass jene Pumpe, die man Herz nennt?
- Hab ich jemals meinen Nerven befohlen, Schmerz zu fühlen, wenn ich mir die Zehe am Stuhlbein anstieß oder mit dem Hammer auf den Finger schlug?
- Muss ich sexuelle Begehrlichkeit erzeugen, oder entsteht sie spontan?
- Bin ich der Seher, oder sehen meine Augen, wann immer sie sich öffnen?
- Bin ich der Hörer von Tönen, oder hört mein Hörorgan, wann immer es nicht durch Ohrstöpsel verschlossen ist?

- Bin ich der Schmecker, oder ist mein Geschmacksinn aktiv, sobald Speise oder Trank auf ihn trifft?
- Bin ich der Riecher, oder funktioniert mein Geruchssinn, sobald ein Geruch wahrgenommen wird?
- Bin ich der Taster, oder ist der Tastsinn in Funktion, sobald etwas berührt wird?

Nach den leicht überprüfbaren Basics nun die mit einem etwas höheren Schwierigkeitsgrad:
- Bin ich der Impulsgeber, oder entstehen Impulse im Kontext eines Geschehens oder Ereignisses?
- Bin ich der Denker, oder denken sich die Gedanken?
- Bin ich der Fühler, oder sind Gefühle Reaktionen auf Gedanken oder Ereignisse?
- Bin ich der Handelnde, oder entstehen Handlungen durch innere Impulse oder äußere Ereignisse, die ich nicht zu kontrollieren vermag?
- Bin ich der Kontrolleur meiner Gedanken, meiner Gefühle, meiner Handlungen, oder ist *ausgeübte Kontrolle* auf einen Impuls oder auf ein internes Programm zurückzuführen, über den/das ich keine Kontrolle hatte?

Ein Gehirn, das durch rationale Überprüfung davon überzeugt werden kann, dass kein zentrales Kontrollzentrum – »Ich« genannt – existiert, wird keine Schuldgefühle und Schuldzuweisungen mehr produzieren können. Klar, denn Schuldgefühle und Schuldzuweisungen beziehen sich ja auf einen Täter, der in eigener Regie handelt. Leid wird vor allem durch Schuldgefühle und Schuldzuweisungen ausgelöst. Woran sollte der Mensch ansonsten leiden? Es sind die Selbstanklagen: *Ach, ich hab wieder mal völlig überzogen reagiert!*

Hätte ich doch an mich gehalten! Oder es sind die Schuld-zuweisungen: *Der hätte aber auch wirklich mal an mich denken können, anstatt wie immer nur an sich selbst, dieser elende Egoist!*

Nun magst du mich fragen, ob denn in meiner Erfahrung kein Vorwurf mehr möglich ist, wenn sich jemand auf eine Weise verhält, die mir total gegen den Strich geht. Dies kann ich ehrlicherweise nicht bestätigen. Was ich jedoch bezeugen kann, ist, dass der Vorwurf keine Power mehr hat, sodass er nie mehr in die ansonsten übliche Verstrickung, ausweg-lose Streitgespräche und zutiefst törichte bzw. destruktive Handlungen führt. Bevor sich der Vorwurf in dieser massi-ven Weise manifestieren kann, hat er sich bereits wieder auf-gelöst.

Wolfgang aus Wien schreibt nach einem Seminar, in dem die umfassende Überprüfung mit allen Seminarteilnehmern durchgeführt wurde:

Hi Werner, zu Deiner Erheiterung schreibe ich Dir, was Du eh schon weißt: Das Mind-Crash-Seminar hat einen Verbrennungsprozess beschleunigt, in dessen Endprozess alles vernichtet wurde, was mir vorher lieb und teuer war. Ich bin noch dabei, das wenige zusammenzukehren, was übrig ist, und auch in diese Feuersbrunst zu werfen: Es ist nichts da. Es gibt kein Ich und kein Du. Keinen Lieben-den und keine Geliebte. Es gibt keine Menschen auf der Straße und keine Straße. Es gibt weder Glück noch Leid, noch Erlösung, Erleuchtung oder Nicht-Erleuchtung. Weder gibt es Gott, Buddha oder Zen-Meister, weder Zen-Lehrer noch Zen, noch sonst eine Schule, Lehre oder Reli-

gion. Niemand kann belehrt, geheilt, trainiert oder irgend-
wohin geführt werden. Niemand ist je gekommen oder ge-
gangen, ja nichts ist jemals passiert oder wird irgendwann
passieren.

Strategie Nr. 9: Die Strategie zum Unglücklichsein kennen, um sie zu vermeiden

Wer unfähig ist, unglücklich zu werden, braucht nicht mehr nach dem Glücklichsein streben. Denn wer nicht unglücklich ist, der muss glücklich sein. Vielleicht nicht überglücklich, denn das wäre ja auch gar nicht zum Aushalten. Ständig unter Strom zu stehen überfordert das Nervensystem.

Hunderte von Ratgebern zeigen uns den Weg zum Glück. Sie sind populär. Interessant ist, dass jedes Jahr viele neue erscheinen. Da fragt man sich unwillkürlich: Funktionieren die Glücksrezepte denn nicht? Der Markt für Glücksbücher müsste doch Jahr für Jahr schrumpfen, wenn mensch glücklich würde? Deshalb muss eine ganz andere Strategie her: Ich will den Menschen nicht zeigen, wie sie glücklich werden. Ich will ihnen zeigen, wie sie unglücklich werden. Denn wenn sie die Strategie zum Unglücklichsein kennen, lässt sie sich vermeiden. Und das genügt völlig, weil der natürliche Zustand jenseits von Glücklichsein und Unglücklichsein liegt. Glückseligkeit interessiert mich nicht.

Wie schaffen es Menschen, unglücklich zu werden. Wie sieht die Strategie aus, um dieses Ziel zu erreichen?

Ich erlaube mir nun, die einzelnen Schritte der Strategie zum Unglücklichsein zu präsentieren:

Schritt Nr. 1: Du möchtest etwas.

Schritt Nr. 2: Du gibst dem Wunsch nach.

Schritt Nr. 3: Du lässt nicht locker.

Schritt Nr. 4: Der Wunsch geht nicht in Erfüllung.

Schritt Nr. 5: Das Ziel ist erreicht. Endlich unglücklich! Halleluja, die Strategie funktioniert in 100 Prozent aller Fälle. Also gleich noch einmal ausprobieren, um das Unglücklichsein so richtig auszukosten.

Manche Menschen hören niemals damit auf, sich dieser Strategie zu bedienen. Sie ahnen nicht einmal, dass es eine ist. Natürlich nicht etwa deshalb, weil sie so gut funktioniert, sondern weil sie immer wieder aufs Neue so töricht sind, sich auf sie einzulassen. Ich möchte niemanden kränken, kann jedoch nicht anders, als die Strategie »töricht« zu nennen.

Du fragst: Kann man denn die Wunschmaschine stoppen? Oho, das haben schon viele vor dir versucht und gemerkt, dass sie genau das Gegenteil damit erreichten. Anstatt die Wünsche, Begierden, Sehnsüchte und Gelüste hinter sich zu lassen, haben sie sie noch geschürt. Insbesondere religiös motivierte Wunschverleugnung führt ins Desaster. Meine Empfehlung ist daher heute: Gib dich deinen Wünschen hin! Lass die Bilder und die Gefühle, die sich zeigen, ruhig zu. Verweigere deinem Bewusstsein diese Erfahrungen nicht. Denn Verweigerung lässt Begehrlichkeiten erst so richtig erstarken. Was du auf keinen Fall darfst, was du in keinem Fall sollst – zum Beispiel ein göttliches Gebot übertreten –, genau das wird zum Antrieb der forcierten Erfüllungssehnsucht. Nie hatte ich zum Beispiel mehr Affären als während meiner Zeit in einer bibelgläubigen Organisation. Ist dir aber alles erlaubt, wird die Kraft zur Ausführung schwächer und verliert sich in vielen Fällen ganz. In jedem Fall werden die Wünsche weniger zwanghaft empfunden. Und das gilt natürlich für jede Art der Begehrlichkeit, nicht nur für sexuell motivierte.

Wie können wir also vermeiden, dass wir uns immer wieder, ohne es eigentlich zu wollen, unglücklich machen? Auf keinen Fall hilft das Dagegenankämpfen. Nein, es gilt schlicht, das Prinzip zu durchschauen: Bevor du eine Straße überquerst, solltest du wissen, wo die Autos herkommen. Allein das »Hinsehen« wird dich vor einem Unfall bewahren. Nichts sonst. Du brauchst keine Schilder aufzustellen, um die Autos umzuleiten oder gar zu stoppen. Lediglich hinsehen solltest du und erst dann die Straße überqueren, wenn kein Auto dich anfahren oder gar überfahren könnte.

Unbedingt und auf Teufel komm raus etwas wollen, dem sich das Leben verweigert, ist die beste Strategie zum Unglücklichsein überhaupt. Doch sollte es nicht heißen: das »dir« das Leben verweigert? Man kann das so formulieren. Ich sage deshalb »dem sich das Leben verweigert«, um deutlich zu machen, dass zwischen dich und das Leben »kein Blatt Papier passt«. Du selbst bist das Leben. Und wenn du mit ihm fließt, anstatt den Staudamm unerfüllter oder gar unerfüllbarer Wünsche zu errichten, wirst du nicht nur, nein, du kannst gar nicht unglücklich sein. Denn Unglücklichsein ist ein zutiefst unnatürlicher Zustand, der letztlich in den Ruin führt. Wenn nicht äußerlich, so in jedem Fall innerlich.

Wenn du nicht unglücklich bist, dann befindest du dich im natürlichen Zustand. In ihm wirst du nicht vor Freude platzen oder permanent strahlen. Auch bedeutet es nicht, dass du keine Wünsche mehr kennst, doch sie zerfressen dich nicht, nagen nicht einmal an dir. Wenn sie sich erfüllen, ist es gut. Wenn nicht, ebenso.

Kennst du sie? Die unsympathische innere Stimme, die schon morgens mit dir zusammen erwacht?

»Scheiße, schon wieder beginnt ein neuer Tag!«

»Oh je, oh je!«

»Was ich auch mache, immer trete ich voll in die Scheiße!«

»Die Firma, in die ich gleich wieder gehen muss, ist doch der reinste Horror! Wieso kündige ich nicht einfach?«

»Dazu bist du doch gar nicht mutig genug!«

Oh, aus einer Stimme wurden plötzlich zwei! Und eine argumentiert mit der anderen. Womöglich kommt eine dritte hinzu.

»Du musst raus aus den Federn, sonst kommst du zu spät zur Arbeit, und dann ist der Teufel los. Kennst doch deinen autoritären Chef!«

Sag mal – ist dir denn noch nie aufgefallen, dass diese Stimmen, die man freilich auch *inneren Dialog* nennen kann, *entstehen*, ohne dich vorher zu fragen? Also eindeutig ohne dass du sie initiierst? Du wachst auf, und die innere Gesprächs- oder Diskussionsrunde beginnt. Oder sollte ich sagen: der Streit? Das Gedöns? Das Rumgemosere? Was wäre dir lieber?

Stell dir nur für einen Moment vor, diesen Stimmen wie dem Stimmengewirr einer vorbeiströmenden Menschenmenge zu lauschen. Ohne daran glauben zu müssen, dass du bist, was du hörst. Ohne sie anders zu bewerten als Fliegen, die sich dir auf Nase und Wangen setzen. Oder hast du jemals mit dem Gedanken gespielt, du könntest die Fliege *sein*, die dich stört? Hoffentlich nicht! Vermutlich hast du sie mit einem Handstreich verscheucht. Und wenn sie deine

Wange als Landeplatz missbrauchte, wiederholte sich dieser Vorgang. Und beim dritten Mal bist du womöglich wütend geworden und hast dir mit der flachen Hand auf die Wange geschlagen, um sie zu vernichten.

Mit inneren Stimmen brauchst du nicht derart radikal zu verfahren. Es genügt vollauf wahrzunehmen, dass es sich um eine solche handelt, nicht mehr und nicht weniger. Und ist das erst einmal klar, werden die Stimmen leiser und leiser und leiser und verstummen schließlich ganz. Und selbst dann, wenn sie das nicht tun, könntest du ihnen nun zuhören wie einem Gespräch, das du während einer Autofahrt im Radio hörst.

Das Problem mit inneren Stimmen sind nicht die inneren Stimmen an sich, sondern der Glaube, dass das, was sie sagen, wahr ist! Doch innere Stimmen sind *niemals* wahr. Sie können nur funktional relevant oder funktional irrelevant sein. Und irrelevant sind sie immer dann, wenn sie nicht konstruktiv, sondern destruktiv sind, wenn sie anstatt lösungsorientiert problemorientiert sind.

Monika aus Friedrichshafen war nichts so wichtig im Leben wie Glücklichsein, sie hatte, bevor sie eine Session mit mir besuchte, eine Vielzahl von Glücksbüchern gelesen und schreibt:

Lieber Werner, vielleicht war noch niemand, der zu dir kam, so skeptisch wie ich, denn ich hatte doch schon so viele Glücksrezepte ausprobiert und war immer wieder am Ende mordsmäßig gescheitert. Aber klar, war ja gar nicht anders möglich. Ich hatte die falsche Frage gestellt: Wie werde ich glücklich? Die richtige fand ich bei dir: Was genau macht mich unglücklich? »Wie werde ich glücklich?« war genau die Frage, mit der ich meinte irgendwann so richtig voll glücklich zu werden wie eine meiner Freundinnen, die irgendwie immer gut drauf ist. Aber die Rezepte funktionieren immer nur eine Zeitlang, dann ist alles wieder beim Alten. Wann immer der Wunsch wieder so richtig hochkam, habe ich nichts anderes getan, als mir diese Frage zu stellen: Was macht mich eigentlich unglücklich? Später habe ich mich dann auch gefragt: Bin ich eigentlich wirklich unglücklich? Dann war wieder klar, dass der Wunsch nach mehr Glück mich erst so richtig unglücklich machte, weil ich ein Gefühl erwartete, das nicht kam. Die Frage, sie drehte und drehte früher mein Hamsterrad, und ich war darin gefangen und radelte wie eine Blöde, ohne zu merken, dass es sich dadurch nur noch schneller gedreht hat. Und noch was. Ich konnte mir dank deiner Hilfe eingestehen, dass ich zur Melancholie neige und sie nie, nie wegkriegen kann. Und in letzter Zeit denk ich: na und? Was ist denn falsch daran? Das ist sooo erleichternd und befriedend. Ich dank dir von ganzem Herzen.

Strategie Nr. 10: Den Liebesdorn zur Anwendung bringen

»Jedes Konzept kann immer nur ein Hinweis auf die Wahrheit sein, niemals aber die Wahrheit selber. Jedes Konzept ist somit auch eine Falle, die den Suchenden gefangen hält, solange er daran festhält. Ein Konzept kann aber dazu dienen, andere Konzepte zu entfernen, und am Ende zur Aufgabe aller Konzepte führen. Man kann einen Dorn verwenden, um einen anderen Dorn,

der im Fuß steckt, zu entfernen. Sobald der alte Dorn entfernt ist, können beide Dorne fallen gelassen werden.«

Ramana Maharshi*

Es gibt Menschen, denen die Strategien der Überprüfung zu rational erscheinen. Auch wenn sie noch so beweiskräftig sind. Ebenso schwer fällt es ihnen, die Bedingungen, die sie dem Leben bewusst oder unbewusst stellen, aufzuspüren, klug zu hinterfragen und schließlich zu entankern. Andere wieder empfinden es als schwer bis unmöglich, mir nichts, dir nichts vom Mind(en) in die sinnliche Wahrnehmung zu wechseln.

Für diesen Menschentyp wurde das sogenannte Agape-Konzept aufgelegt. All jenen bekannt, die mein Buch »Leide nicht – liebe« lasen oder als Hörbuch hörten. Es ist äußerst einfach zu praktizieren, jedoch gilt auch hier das Prinzip: Nicht alles ist für alle!

Menschen mit einem großen Herzen – zumeist Frauen, aber auch Männer, die ihre weibliche Seite kennen – werden diese Strategie mit hoher Wahrscheinlichkeit schätzen. Denn um den »Liebesdorn« anzuwenden, müssen sie lediglich lernen, alles – also nicht nur das Schöne, Gute und Wahre – zu lieben. Selbst wenn sich jemand hassen sollte, liebt er sich eben dafür, dass er sich hasst.

Adaptiert habe ich das Konzept von Thaddeus Golas, dessen Buch »Der Erleuchtung ist es egal, wie du sie erlangst« nicht unerwähnt bleiben soll. Insbesondere zwei Sätze da-

---

* Als ein Junge von sechzehn forderte er 1896 den Tod heraus, indem er eingehend die Quelle seines Seins ergründete. Später wurde er als Bhagavan Sri Ramana Maharshi bekannt. Er offenbarte den direkten Weg der Selbstergründung (http://www.sriramanamaharshi.org/de).

151

raus hakten sich bei mir fest, gruben sich tief ein, ließen mich nicht mehr los:

Egal was du denkst, lieb dich, dass du es denkst!

Egal was du tust, lieb dich, dass du es tust!

Und zwar bis zu dem Zeitpunkt, an dem die Strategie nicht mehr notwendig war. Darauf hat ja schon Ramana Maharshi hingewiesen: *Man kann einen Dorn verwenden, um einen anderen Dorn, der im Fuß steckt, zu entfernen. Sobald der alte Dorn entfernt ist, können beide Dorne fallen gelassen werden.* Mit dieser Erkenntnis hat damals meine spirituelle Suche geendet – und damit auch mein Leid. Also konnte das Konzept gleich mit entsorgt werden.

Als ich mit dem Liebesdorn zu praktizieren begann, war mir noch nicht klar, dass ich eine höchst erfolgreiche Strategie zur Anwendung brachte. Denn Liebe ist die mächtigste Kraft im Universum, und wenn du sie in ihrer Essenz berührst, bleibt dies nicht ohne Folgen. Die Liebe überwältigte mich, und ich war schließlich völlig unfähig, all jene tiefsitzenden Verletzungen, die ich als Kind und Jugendlicher erfahren hatte, länger zu verleugnen. Die Liebe förderte alles zutage, und da ich es anschaute und zuließ, anstatt es zu verdrängen, überkam mich eine so große Traurigkeit wie niemals zuvor. Es war, wie bereits erwähnt, diese Traurigkeit, die mich im Juli 2004 dazu veranlasste, den im Jahr 2009 verstorbenen Advaita-Meister Ramesh Balsekar zu besuchen und in seiner schieren Gegenwart schließlich das Ende meiner spirituellen Suche zu erleben. So war es letztlich die Liebe zur Liebe bzw. das Agape-Konzept, das zur Ich-Überprüfung und im Ergebnis zum Ende der Suche und des Leidens führte.

Die Anwendung ist derart simpel, dass manche Menschen, insbesondere Intellektuelle, diese Strategie gering schätzen und sich nicht vorzustellen vermögen, dass sie zum Mindcrash führen kann. Daher empfehle ich zunächst den Praxistest statt einer Diskussion über die Wirksamkeit der Strategie.

Hier ein Beispiel, wie die Strategie angewandt wird: Wenn uns beispielsweise jemand beleidigt, reagiert unser Körper-Geist-System je nach Veranlagung mit Frustration, Traurigkeit oder Zorn. Der kultivierte Mensch versucht dennoch zu lächeln und sagt sich womöglich: Der weiß es eben nicht besser! Damit ist jedoch der beginnende innere (oder äußere) Dialog mit dem Beleidiger längst nicht zu Ende. Teilweise werden sogar Stunden mit ihm verbracht. Und der Energielevel sinkt dabei auf ein ziemlich niedriges Niveau.

Das Körper-Geist-System eines Nutzers dieser Strategie reagiert genauso wie das eben beschriebene. Doch anstatt in den inneren Dialog einzusteigen bzw. sich mit ihm zu iden-tifizieren, sagt er oder sie sich: *Und genau dafür, dass ich so traurig bin, zornig bin* (je nachdem, welche Emotion emp-funden wird), *genau dafür also liebe ich mich!*

Manchmal erscheinen die Trauer oder der Zorn derart intensiv, dass es schwerfällt, sich dafür auch noch zu lieben. Doch das Agape-Konzept meistert auch solche Situationen. Und zwar, indem man sich sagt: *Für diese Gefühle kann ich mich einfach nicht lieben. Ich liebe mich aber dafür, dass ich mich nicht lieben kann!*

Und das kannst du immer.

Auf diese Weise kommst du selbst in schwierigsten emo-tionalen Situationen vom Mind(en) ins Lieben. Und damit in deinen Wesenskern, der Liebe ist.

Bevor ich nun mit eigenen Worten zu beschreiben versuche, wie der Liebesdorn wirkt und was er bewirkt, lasse ich wieder jemand zu Wort kommen, der das Agape-Konzept bereits in Anwendung brachte und mir sein beeindruckendes Feedback sandte:

Antje aus Thüringen schreibt:

Lieber Werner,

ich unternahm wirklich viel, um diesen Teufelskreis zu unterbrechen. Gespräche mit verschiedenen Psychotherapeuten, christlichen Seelsorgern, beten, eine Wüstenreise. Irgendwann hörte ich auf zu sprechen und blockte völlig ab. Ich hatte einfach keine Lust mehr auf dieses Gequatsche, das mir den Rest meiner Energie raubte. Noch dazu kostete es mich eine Menge Zeit und brachte mich keinen einzigen kleinen Schritt weiter. Nachdem ich mich lange Zeit durch viele spirituelle Werke kämpfte, stieß ich im Herbst letzten Jahres auf Deine Bücher. Diese Sprache war meine Sprache, und ich begann sie zu verstehen. Nach einigem Zögern wählte ich Mitte Januar Deine Telefonnummer und vereinbarte mit Dir einen Coaching-Termin. Ohne Erwartungen und nichts ahnend, ließ ich mich auf Worte und Übungen ein, die mein Leben in eine Achterbahnfahrt verwandeln sollten. Diese begann schon auf der Fahrt nach Hause und wurde in den folgenden Tagen zu einem Höllentrip.

Trotz meiner stetig wachsenden Verwirrtheit und dem immer größer werdenden Chaos, hielt ich mich dennoch an Deine Anweisung: »Keine Verweigerung mehr!« Ich ließ alles, wirklich alles zu. Die Fahrt wurde immer rasanter, und die Loopings waren kaum auszuhalten. Irgendwann kam der Zeitpunkt, an dem Widerstand überhaupt nicht mehr möglich war. Sehr oft in diesen Tagen hasste ich mich dafür, diesen Termin überhaupt gemacht zu haben.

Am letzten Montag im Januar, um 5:26 Uhr, war die rasante Fahrt vorbei. In genau diesem Augenblick war mein Kopf frei. Frei von allen Gedanken, Konditionierungen und frei von aller Schuld. Eine Welle der Glückseligkeit überrollte mich, so dass ich kaum in der Lage war, ihr standzuhalten. Ich erlebte den bisher schönsten Tag in meinem Leben, und es war völlig egal, ob mich nun jemand für verrückt hielt oder nicht. Dass die Glückseligkeit allerdings am Abend eine noch größere Dimension annehmen sollte, konnte ich nicht ahnen.

Der Rausch wurde zur Ekstase, und ich war mir wirklich nicht sicher, ob ich »das«, von dem ich nicht wusste, was es war, überlebe. Nach einiger Zeit, ich lag in meinem Bett, war auf einmal alles still. Absolute innere Stille und tiefer Frieden. Die Liebe, die ich bereits den ganzen Tag in allem anderen gesehen hatte, sah ich nun auch in mir. Ich liebte mich als Person, mit all meinen »scheinbaren« Fehlern. Es war unglaublich, plötzlich klar zu sehen, dass ICH mich so erschaffen hatte und ich so, wie ich bin, genau richtig bin.

Ich wollte nun nicht mehr schlafen. Ich hatte Angst, dass am nächsten Morgen alles vorbei ist. Doch nichts war vorbei. Nach einem Abtasten meines Körpers und aller Gegenstände, die mir in die Quere kamen, und dem Ausprobieren aller Routinetätigkeiten stellte ich fest, dass *ich noch lebte. Es war wunderbar! Bis zur nächsten Welle, die auf mich zurollte. Diesmal war es allerdings keine Welle der Glückseligkeit, sondern eine riesige Welle der Panik.*

Ich wollte mich fallen lassen und erwartete, aufgefangen zu werden. Als ich merkte, dass niemand da war, der mich auffangen konnte und wollte, bekam ich panische Angst. Erst als ich meine Hände ausstreckte und schrie: »Nein, ich habe keine Angst mehr!«, war ich durch. Die urplötzliche, klare (Ein-)Sicht, dass ich mich nur selbst auffangen konnte und diese Angst selbst zu verantworten hatte, war einfach überwältigend.

Alles ist Liebe! Alles entspringt nur dieser einen Quelle. Alles ist Illusion. Die klare Erkenntnis, dass die Liebe sich wirklich endlos neu erfahren und in endlos vielen Spielen neu gespielt werden will, ist sensationell.

Alle jahrelang blockierte Energie kam nun als reißender Strom aus mir heraus. Nichts konnte mich mehr aufhalten. Alles geschah plötzlich wie von Geisterhand. So wie Du es in Deinen Büchern wunderbar beschreibst. Alle Lähmungen lösten sich in Luft auf.

Es dauerte ein paar Tage, bis ich die Ordnung des Durcheinanders einigermaßen koordinieren konnte. Mit der nicht aufzuhaltenden Energie, die sich wie Wasser, welches einen Staudamm durchbricht und seinen Weg selbst sucht, klarzukommen war nicht so einfach. Es ist auch noch lange nicht vorbei und wird hoffentlich auch nie enden, denn die Quelle sprudelt weiter.

Heute bin ich restlos allem dankbar, was bisher in meinem Leben auftauchte, und heiße jetzt schon alles, was kommen will, auf das Herzlichste willkommen.

Meine Dankbarkeit, die ich Dir gegenüber empfinde, lässt sich nun allerdings wirklich schwer in Worte fassen!!!!

In Liebe und tiefer Dankbarkeit
Antje

Risiken beim Mindcrash

Ein Leben, bei dem nicht
von Zeit zu Zeit alles auf dem Spiel steht,
ist nichts wert.

Luise Rinser

Der Mindcrash eröffnet gewaltige Chancen. All die destruktiven Gedanken aufgrund des Eindrucks persönlicher Täterschaft werden auf ein Minimum reduziert und schließlich gänzlich deaktiviert. Der daraus resultierende Friede zeigt sich schließlich auch in der sogenannten materiellen Welt.

Sind Gedanken konstruktiv, sind es Entscheidungen auch, weil Gedanken zu Entscheidungen führen. Und weil Handlungen nichts anderes als die Ergebnisse von Entscheidungen sind, ist auch das Verhalten konstruktiv. Konstruktives Verhalten wird geschätzt in der Welt. Nicht nur von Freunden, auch im beruflichen Leben. Und so steigern sich die Erfolgschancen auf allen Lebensfeldern. Der Mindcrash birgt aber auch vorübergehend einige Risiken, die nicht unerwähnt bleiben dürfen und die ich nicht zuletzt deshalb erwähne, damit du dich darauf einstellen kannst.

Risiko 1: Es bleibt beim intellektuellen Verstehen

Dieses Risiko ist im Grunde das kleinste, zugleich aber das enttäuschendste. Du verstehst nun, dass du als Denker, Entscheider, Täter nicht existierst, da es nur Gedanken, Entscheidungen und Taten gibt. Du verstehst, dass das Subjekt in den Objekten verborgen bleibt und daher nur durch eins glänzt – nämlich durch Abwesenheit. Der Mindcrash jedoch lässt auf sich warten. Mit anderen Worten: Der Mind vermag die Wahrheit zwar intellektuell zu erfassen, seine Art zu denken bleibt aber unverändert.

Der Mind ist daran gewöhnt, Wissen aufzunehmen und abzuspeichern. Und verfügt ein Mind über ein gewisses Maß an »spiritueller Intelligenz«, kann er spirituelles Wissen ebenso aufnehmen und rekapitulieren, wie sich mit einem mathematikbegabten Mind komplizierte Rechenoperationen durchführen lassen.

Der Mindcrash jedoch hat wenig bis gar nichts mit Intelligenz und Begabung zu tun. Daher ereignet er sich im Akademiker ebenso wie in ungebildeten oder Durchschnittsmenschen.

Was man in so einem Fall tun kann? Der bekannte Spruch »Weniger ist mehr« erscheint mir in so einem Fall höchst angebracht: Gerade deine Bemühung mag nämlich die letzte Schranke darstellen, die den Zugang zur Wirklichkeit blockiert. Du kannst den Mindcrash nicht erzwingen. Also freu dich über das intellektuelle Verständnis, das sich eingestellt hat, und überlasse es dem Leben, ob und inwieweit es sich in der Tiefe deines Bewusstseins ansiedelt.

Risiko 2: Angst vor dem Abgrund

Ist es nicht wesentlich einfacher, mit dem Auto heil zuhause anzukommen, als bewusst, ja, sogar absichtlich einen Unfall zu bauen? Genau dazu jedoch leiten die Strategien in diesem Buch an! Der Mindcrash schädigt zwar weder Körper noch Geist, im Gegenteil: Der Mind funktioniert hernach wesentlich effektiver und wird daher alltagstauglicher. Gänzlich ungefährlich ist der Crash jedoch nicht.

Denn wenn sich der Täter als Schimäre herausstellt, fehlt plötzlich der bisherige Mittelpunkt des Lebens, und man blickt mitunter in einen scheinbar bodenlosen Abgrund, in den man ohne Sicherung und Halteseil zu fallen scheint. So eine Erfahrung mag einem schon gehörige Angst einjagen. Unberechtigte freilich, denn man erkennt ja lediglich, wie »leer«, weil »ich-los«, man immer schon war. Das Gehirn muss sich jedoch zunächst einmal an den zentrumslosen Zustand gewöhnen. Und das geht nicht von heute auf morgen.

Viele meiner Schüler empfinden es als hilfreich, meine täglich erscheinenden Texte zu lesen. Das ist eine Art Online-Coaching, welches jeder Leser für kleines Geld abonnieren kann. Es ist auch möglich, Fragen zu stellen, die ich in der Regel in einem Text oder auch per E-Mail beantworte. Gerade in der Zeit nach dem Crash ist dieser Dienst äußerst hilfreich, denn er bietet dem gecrashten Mind Orientierung.

Risiko 3: Rückzug vom gesellschaftlichen Leben

Direkt nach dem Mindcrash im Jahr 2004 befand ich mich in einem inneren Zustand, den ich später als eine Art »Koma«

bezeichnete. Der Begriff erschien mir deshalb so treffend, weil ein Mensch im Koma existiert und gleichzeitig nicht existiert. Sein Herz schlägt, seine Körperfunktionen sind noch intakt, doch wenn du ihn ansprichst oder berührst, stellst du fest, dass er nicht reagiert. Ähnlich habe »ich« empfunden: Gedanken waren weiterhin da, der Denker aber, er war verschwunden. Entscheidungen wurden gefällt, hättest du mich aber gefragt, von wem sie gefällt wurden, hätte ich mit den Achseln gezuckt.

Ein Ich war in meiner Wahrnehmung schlicht nicht mehr vorhanden. Nun war mir freilich bewusst, dass das Ich nur eine konditionierte Vorstellung gewesen war. Der Organismus war jedoch dermaßen an ein »real vorhandenes Ich« gewöhnt, dass sein Verschwinden einem Tod gleichkam. Mit dem Ergebnis, dass ich einige Monate in Bezug auf »persönliche« Kontakte wie gelähmt war. Ich sah sozusagen lauter leere Hüllen herumlaufen und wusste nicht recht, was ich mit ihnen und mir anfangen sollte.

Mein erstes Führungsseminar nach dem Mindcrash in meinem Job als Managementtrainer verlief zwar rein äußerlich gewohnt erfolgreich. Werner Ablass funktionierte wie gewohnt, denn er hatte über Jahre gelernt, wie man erfolgreiche Führungsseminare gestaltet. Doch abends war ich völlig erledigt. Normalerweise trinke ich nach dem Abendessen noch ein Glas Bier oder Wein mit den Teilnehmern. An diesem Abend fühlte ich mich jedoch körperlich derart erschöpft, dass ich abends um 20 Uhr schon ins Bett fiel und bis morgens um 8 Uhr durchschlief. Normalerweise brauche ich nicht mehr als 7 Stunden Schlaf, meistens reichen auch 6.

Anschließend reduzierte ich die Anzahl meiner Seminare

und Coachings für Unternehmen und veranstaltete mehr Seminare für Menschen, die mein Buch »Leide nicht – liebe« gelesen hatten und sich für die Umsetzung des Konzepts interessierten. Mit ihnen zusammen zu sein fiel mir nicht so schwer wie mit den vor allem auf Erfolg und Karriere ausgerichteten Managern.

Einmal war ich mit meinem engsten Freund zum Abendessen in einem Restaurant verabredet. Bald schon verabschiedete er sich – viel eher als gewohnt. Später verriet er mir, dass er in meiner Gegenwart fast eingeschlafen wäre – früher sei ich viel gesprächiger gewesen.

Und ja, ich konnte ihn verstehen. Denn der Friede in mir war dermaßen erfüllend, dass ich nahezu ohne soziale Kontakte auskam. Ich empfand sie eher anstrengend als befriedigend. Und dies merkten natürlich besonders jene Menschen, die mich von früher kannten.

Dann fand jedoch ein Prozess statt, der mich ins gesellschaftliche Leben zurückfinden ließ. Heute fühle ich mich in Gesellschaft immer nur dann unwohl, wenn mir die versammelten Menschen nicht liegen. Doch das geht ja nicht allein mir so. Es ist eine normale Reaktion.

Und so kann ich all jene beruhigen, die Ähnliches wie ich nach dem Mindcrash erleben. Gesellschaftlicher Rückzug ist zumeist eine Erfahrung, die sich nach der Gewöhnung ans Nichtvorhandensein der Ich-Instanz wieder verflüchtigt. Und wäre dies nicht der Fall, wäre man nicht traurig darüber.

Risiko 4: In Passivität verfallen

Wenn man klar erkennt, dass es nur Taten gibt, die ohne einen Täter geschehen, könnte der Mind auf die zumindest vordergründig logisch erscheinende Idee kommen, nichts mehr zu tun oder zumindest so wenig wie möglich zu tun. Doch das wäre Fatalismus und hätte, wie ich es schon im Vorwort andeutete, nichts mit dem Ziel des Mindcrash zu tun. Denn der führt nicht zu einem neuen Paradigma, sondern crasht nur das alte.

Was nach dem Mindcrash anders als vorher ist, ist letztlich nur eins: Der aberwitzige Glaube, in eigener Regie denken, entscheiden, handeln zu können, ein Glaube, der nichts anderes ist als ein angelernter, anerzogener – der ist abhandengekommen. Dieses Erkennen führt jedoch in manchen Fällen zu einer zeitweisen Lähmung. Dies aber nur deshalb, weil der Mind zunächst noch der alten Logik folgt.

Diese definiert sich folgendermaßen: Da kein Täter existiert und alle Dinge akausal geschehen, kann ich ohnehin nur das erfahren, was sich ereignen soll. Also kann ich meine Hände in den Schoß legen. Meine Aktivitäten nützen ja eh nix, es geschieht ohnehin nur, was geschehen soll.

Mit dem ersten Satz läge man goldrichtig. Der zweite und dritte klingt lediglich logisch, ist jedoch mehr als unlogisch. Schon allein deshalb, weil kein Mensch »nichts tun« kann! Versuche einmal morgens im Bett liegen zu bleiben. Selbst wenn du nicht ins Büro müsstest, keinerlei Verpflichtungen hättest und von Natur aus eher faul als fleißig wärst, würde dich die Lebensenergie irgendwann aus dem Bett heraus treiben. Außerdem würdest du Harndrang bekommen und zur Toilette gehen müssen. Der leere Magen würde sich irgendwann melden. Ebenso das Bedürfnis nach Bewegung. Und natürlich gibt es noch viele andere Bedürfnisse und Motive, die uns zum Handeln bewegen, ohne dass wir es uns explizit vornehmen müssen.

Aber es gibt noch eine andere Überlegung, die den Fatalismus als Mind-Konzept entlarvt. Denn wenn der freie Wille tatsächlich Illusion ist, ist evident, dass mensch, egal wie er sich entscheidet, nie selber entscheidet. Und daraus ergibt sich folgerichtig, dass man entscheiden und tun kann, was auch immer man entscheiden und tun will. Es sei denn, man kann es nicht. Denn man kann natürlich immer nur das, was man können soll.

Das ist die »höhere« Logik, die Menschen, die dem Fatalismus-Konzept auf den Leim gingen, aus der Passivität befreit. Und daher rufe ich dir zu: Keine Angst vor der Freiheit zu tun, was immer du tun willst, weil du die Grenzen deines internen Programms weder über- noch unterschreiten kannst! Ich würde beispielsweise niemals auf die Idee kommen, eine Höhle mit engen Gängen zu betreten, Bungeejumping zu machen oder Motorrad zu fahren, weil solche Aktivitäten schlicht nicht in mir angelegt sind.

Bedenke: Schließlich konntest du vor dem Erkennen des unfreien Willens so tun, als hättest du einen freien Willen. Was sollte dich nun daran hindern, weiterhin so zu tun? Mit dem Unterschied aber, dass dir jetzt bewusst ist, dass du nur so tust, als ob. Und natürlich schon immer so getan hast.

Risiko 5: Wenn sich kein besonderes Verhalten einstellt ...

Ich verweigere mich den Begriffen Erleuchtung und Erwachen, obgleich das, was ich bezeuge und worauf ich verweise, auch von all denen bezeugt wird, die sich als erleuchtet oder erwacht bezeichnen lassen. Das ist zwar legitim, ich verzichte aber deshalb darauf, weil beide Begriffe mit »Zugewinn« assoziiert werden und so zu völlig falschen Schlussfolgerungen führen können. Beispielsweise zu der Erwartung, »erleuchtet« oder »erwacht« sei man ein ganz besonderer Mensch. Geduldig, barmherzig, sanft, freundlich, Nichtraucher, Antialkoholiker, sich von Licht, vegan oder mindestens vegetarisch ernährend. Verständnisvoll und tolerant natürlich auch und im Sprachgebrauch nicht die Spur gewöhnlich oder gar vulgär und ordinär.

Diesen Zahn muss ich dir ziehen! Wenn du das glauben solltest, hast du noch die Normen religiöser Erziehung oder spiritueller Traditionen im Hinterkopf. Nur deshalb kann es passieren, dass wir vom Mindcrash etwas erwarten, das er gar nicht liefern kann. Denn er verändert weder unseren Charakter noch unsere Ernährungsweise, weder unser Temperament noch unseren Sprachgebrauch. Wie auch? Schließlich passiert nur eines: Die Vorstellung persönlicher Täterschaft wird als Fata Morgana entlarvt und dominiert nun nicht mehr unseren Mind.

Stoße ich mir einen Zeh am Stuhlbein, wird es Schmerz und in einem temperamentvollen Charakter womöglich auch Zorn auslösen. Ich habe jedoch noch nie einem Stuhlbein die Schuld dafür gegeben, dass es mir im Weg stand. Löst die Handlung eines Menschen vor dem Mindcrash Schmerz oder Zorn aus, wird sie das auch anschließend tun. Weil ich jedoch *keinen Täter* mehr zu erkennen vermag, führt solch eine Erfahrung ähnlich wie bei einem »täterlosen« Stuhlbein, das mir völlig schuldlos im Weg steht, nicht mehr zu einer vorwurfsvollen Grundhaltung.

Beziehungen machen zwar manchmal Kritikgespräche notwendig. Wenn beispielsweise mein Partner, Kollege oder Mitarbeiter Vereinbarungen nicht einhält, werde ich dies höchstwahrscheinlich ansprechen und kritisieren. Und bin ich ein temperamentvoller Mensch, wird dabei womöglich Emotion sichtbar werden. Es besteht jedoch ein augenfälliger Unterschied zwischen spontan auftretendem Zorn in der Sache und einem persönlichen Angriff.

Der Mindcrash verändert die Grundstruktur unserer Persönlichkeit nicht. Nichts kommt hinzu, im Gegenteil, lediglich die Vorstellung eines in eigener Regie handelnden Täters fällt weg. Und das ist nichts sonderlich Auffälliges, nichts, worauf man selbst oder ein anderer Mensch sogleich aufmerksam wird.

Daher tritt das letztgenannte Risiko nur dann auf, sollten wir unzureichend über die Ergebnisse des Mindcrash informiert sein, was nun ja nicht mehr der Fall ist.

100 Reminder* für den Fall,
dass der Mindfuck zurückkehrt

Meinen im Jahr 2009 erschienenen Roman »Der Gescheiterte« schrieb ich bereits Mitte der achtziger Jahre. Er enthält alle essentiellen Verweise auf die nonduale Wirklichkeit und ist ein Indiz dafür, dass der Mindcrash schon seine Vorboten gesandt hatte, bevor er im Jahr 2004 schließlich erfolgte. Nach meiner Begegnung mit dem brillanten Advaita-Meister Ramesh Balsekar in Mumbai.

Anschließend war es mir schlicht nicht mehr möglich, noch einmal in die Falle zu tappen, anzunehmen, ich sei der Denker meiner Gedanken, der Entscheider meiner Entscheidungen, der Täter meiner Taten. Mein Gehirn war nun auch in dem Bereich, den wir unbewusst nennen, von dieser Täuschung befreit. Fortan war in meiner Wahrnehmung das, was geschah, schlicht das, was zu geschehen hatte, ja musste. Und diese Gewissheit nahm mir auch alle hypothetischen Ängste.

Bis zu diesem Zeitpunkt jedoch, während einer Zeitspanne von etwa 17 Jahren also, beherrschte der Mindfuck in kürzeren oder längeren, intensiven und weniger intensiven Phasen mein Denken, meine Entscheidungen und demzufolge natürlich mein Handeln. Trotz allem angesammelten Wissens.

* Reminder = Erinnerung

Ein entscheidender Grund war sicherlich der, dass ich erst bei Ramesh Balsekar auf durchaus rationale Art und Weise zu überprüfen lernte, ob ein reales Ich existiert. Wäre mir dies früher bekannt gewesen, hätte es den Prozess der Dekonditionierung und somit auch meine spirituelle Suche höchstwahrscheinlich radikal verkürzt. Aber es ist natürlich müßig, darüber nachzudenken, denn die Dinge geschehen genau so, wie sie geschehen sollen und müssen.

Letztlich ist jeder der 100 Reminder schlicht eine Erinnerung an deine wahre Natur, die keinem Wandel unterliegt. Reminder können wirken wie ein Blitz, der die Nacht erhellt, wie ein kalter Wasserguss nach einem Saunagang, wie ein Sonnenstrahl, der die Wolken durchbricht und die Landschaft erhellt.

Gehe intuitiv mit den Remindern um. Spule sie nicht runter wie die frommen Sprüche eines Breviers. Glaube nicht, sie hätten magische Wirkung. Wenn du jedoch den Mindcrash bereits erlebt hast, kann dich ein Reminder im Bruchteil einer Sekunde vom scheinbar zurückgekehrten Mindfuck befreien.

Die Reminder sind jedoch mitnichten Ersatz für den Mindcrash, der in vielen, jedoch nicht in allen Fällen der Anwendung eines *typbedingten* Konzeptes bedarf. Natürlich nur so lange, bis das alte, untaugliche Lebenskonzept oder Paradigma im Gehirn deaktiviert ist.

Ob ein Reminder Wirkung zeigt, hat natürlich auch mit der Situation zu tun, in der du dich gerade befindest. Ich habe absichtlich darauf verzichtet, sie zu kategorisieren. Gib deiner Intuition Raum, und du wirst erleben, dass dich genau der Reminder findet, den du gerade jetzt brauchst.

1. Was immer gedacht, gefühlt, getan und erlebt wird, ist die Quelle in ihrer Manifestation, da außerhalb der Quelle, die ihrer Natur nach unbedingte Liebe ist, nichts existiert. Nichts ist zu tun, noch nicht einmal »nichts tun«. Nichts muss verändert werden, noch nicht einmal die Idee, »dies oder das zu verändern«.

2. Jede spirituelle Aktivität, die ausgeübt wird, »um« einen Zustand zu erreichen, in dem du dich scheinbar noch nicht befindest, ist pure Ablenkung von dem, was du bist. Ein spirituelles Konzept taugt nur dann etwas, wenn es die Entdeckung dessen, was du bereits bist, möglich macht.

3. Du denkst nur: »Ich« denke. Du hast in Wahrheit noch niemals irgendetwas gedacht! Alle Gedanken kommen aus dem Nichts ins Bewusstsein. Überprüf es erneut, wenn du zweifeln solltest, indem du jetzt an irgendwas denkst und anschließend überprüfst, ob du diesen speziellen Gedanken initiiert hast. Wie kam es zu diesem Gedanken? War ich wirklich der Denker dieses Gedankens? Dann müsste ich ihn initiiert haben. Oder war der Gedanke nach dem Suchvorgang plötzlich einfach vorhanden? Wenn das so wäre, wäre ich nicht der Denker. Und wenn ich feststellen würde, dass jeder Gedanke auf diese Weise entsteht, wäre evident, dass es zwar Gedanken gibt, jedoch keinen Denker.

4. Du glaubst nur: »Ich« entscheide. Entscheidungen fallen gänzlich ohne dich. Der Entscheider ist pure Illusion. Auch hierbei empfehle ich erneut Überprüfung, solltest du zweifeln! Öffne beide Hände mit den Handflächen nach oben, schau von einer Handfläche zur anderen und triff dann ganz bewusst die Entscheidung, eine der

beiden Hände zur Faust zu ballen. Überprüfe anschließend, ob du dich tatsächlich entschieden hast oder einen Impuls erlebtest, der zu dem Ballen einer der beiden Hände führte.

5. Triff jetzt eine Wahl: ein Glas Wasser oder eine Tasse Tee oder eine Tasse Kaffee oder gar nichts zu trinken. Vier Möglichkeiten. Danach überprüfe: Wie kam es zu der Entscheidung? Kann ich tatsächlich sagen: Ich habe mich dafür entschieden? Oder handelte es sich um einen Impuls, der zu der dementsprechenden Entscheidung führte? Womöglich gab es Faktoren, die die Entscheidung beeinflussten. Beispielsweise Durst. Oder kein Durst. Oder die Neigung zum Kaffee- oder Teetrinken. Bedürfnisse, Neigungen und Abneigungen sind jedoch kein Beweis für das Vorhandensein eines Entscheiders.

6. Du meinst nur: »Ich« handle. Denn Handlungen sind lediglich das Ergebnis von getroffenen Entscheidungen, die entsprechenden Informationen folgen. Sollten Zweifel aufkommen, überprüfe den gesamten Vorgang noch einmal.

7. Du kannst tun, was immer du tun willst, doch was immer du tust, ist determiniert, so dass du in Wahrheit nie tust, was du tun willst, sondern willst, was zu tun ist. Freier Wille und Determiniertheit bilden daher nicht den geringsten Widerspruch.

8. Atmest du, oder wirst du beatmet? Wenn du feststellen solltest, dass du nicht atmest, sondern »beatmet« wirst, obgleich du an kein Beatmungsgerät angeschlossen bist, kannst du denn dann noch behaupten, ein eigenständiges und unabhängiges Lebewesen zu sein, das in eigener Regie denkt, entscheidet und handelt? Und

überprüfe weiter: Bin ich der Antreiber meines Herzens? Befehle ich meinem Herzen zu schlagen? Oder schlägt es stets vollautomatisch und ohne mein Zutun? Bin ich der Stoffwechsler? Sorge ich dafür, dass sich der Stoffwechsel vollzieht? Sehe ich, oder wird gesehen, sobald ich meine Augen öffne? Und wer öffnet sie jeden Morgen aufs Neue? Befehle ich meinen Ohren zu hören, oder wird gehört, selbst mit Ohrenstöpseln ein Rauschen? Selbst im Traum wird schließlich gehört. Also – wer ist der Hörer? Ist Hören nicht einfach nur eine Funktion? Bin ich der Schmecker, oder ist der Geschmack eine Funktion meiner Zunge und meines Gaumens, über die/den ich keinerlei Kontrolle besitze? Bin ich der Riecher eines Duftes, oder riecht mein Riechorgan, sobald es einen Duft wahrnimmt?

9. Wem willst du einen »Fehltritt« nachweisen, wenn niemand da ist, der in den Schuhen läuft, deren Abdruck du siehst?

10. Die Sonne, die immerhin Leben ermöglicht, kann weder über ihren Abstand zur Erde noch über ihren Hitzegrad entscheiden. Manch ein sterbliches Menschlein glaubt jedoch, seine Realität gestalten zu können. Obgleich es nicht einmal fähig ist, Faltenbildung und Haarausfall zu stoppen oder einen Schnupfen zu vermeiden.

11. Mein Ratschlag, nur einfach das zu tun, »was dir gerade in den Sinn kommt«, wäre nur dann gefährlich, wenn der freie Wille keine Illusion wäre. Da er aber definitiv Illusion ist, wirst du die Grenzen deines internen Programms selbst dann nicht überschreiten können, wenn du den Vorsatz zu fassen imstande wärst.

12. Was immer du suchst, es ist hier. Niemals dort.

13. Du glaubst, nicht genügend zu lieben? Liebe ist kein euphorisches Gefühl. Liebe ist, wenn du sein kannst, wie und was du bist, wenn du keine Bedingungen an Personen, Umstände oder das Leben stellst. Denn genauso bedingungslos ist die Liebe, wenn sie sich zeigt.

14. Beklage dich nicht über dein Ungeliebtsein, sondern liebe. Dann wird es verschwinden. So wie Hunger beim Essen, Dunkel im Licht, Trockenheit, sobald es regnet.

15. Mit einem Lächeln würdest du auf jede Szene in deinem Leben blicken, wenn du es wie einen Film betrachten könntest. Du bist ein Schauspieler, der seine Rolle im Drehbuch ausfüllt.

16. Wer liebt, leidet nicht. Wer leidet, liebt nicht.

17. Für jedes Problem liegt eine Lösung in deinem Briefkasten. Bist du für die Lösung bereit, wirst du den verlorenen Schlüssel zum Briefkasten finden.

18. Erleuchtung und Erwachen sind, selbst wenn dafür Kongresse abgehalten werden, nichts weiter als liebenswerte Hirngespinste, deren alleiniger Zweck darin liegt, diesen vollkommen zu verfehlen.

19. Wie sollte Licht ohne Finsternis, Frieden ohne Krieg, Schönheit ohne Hässlichkeit, Gut ohne Böse erscheinen? Ohne diese Kontraste würde überhaupt nichts erscheinen können. Bemühe dich daher nicht um die Auslöschung der dunklen Seite in deiner Erfahrung, weil du sonst gegen Windmühlen kämpfst.

20. Was du tun kannst, um glücklich zu sein? Frag dich ab sofort: Wer ist es denn überhaupt, der glücklich sein möchte? Und wenn sich die Antwort einstellt, wirst du sehen, dass sich alle Fragen dieser Art erledigt haben.

21. Erscheint deine Person je ohne Kontext? Ist sie ohne ihn überhaupt lebensfähig? Weshalb bestehst du dann auf der Trennung zwischen dir als Person und dem Kontext, ohne den ihr Erscheinen unmöglich wäre?

22. Tod und Tiefschlaf beginnen nicht nur mit dem gleichen Buchstaben. Sie enden auch mit dem gleichen Ergebnis: Was wahrnimmt, erwacht. Nach dem Tod lediglich in einem anderen Kontext als nach dem Zubettgehen am Abend.

23. Innerer Frieden und innere Stabilität sind dein natürlicher Zustand. Er kann daher weder errungen, noch durch eine Lehre, ein Buch oder Seminar erworben werden. Sind die Konditionierungen, die dich zum Täter oder Opfer machen, deaktiviert, bist du wie ein fest im Erdreich verwurzelter Baum, den kein Sturm zu entwurzeln vermag.

24. Lehren erscheinen stabil, sind jedoch poröser als Gummi. Leer zu sein ist das Beste. Denn nichts ist stabiler. Oder kannst du Leere etwa zerstören? Du kannst sie ja nicht einmal verletzen oder verbiegen.

25. Um es mal so zu sagen: Vom Himmel hoch, da komm ich her! Was mir fehlt, sind die irdischen Erfahrungen. Also rein ins pralle Leben und nicht aus ihm raus. Ein Zwang besteht aber keinesfalls!

26. Türen öffnen und schließen sich nicht, weil du oder andere sie öffnen und schließen. Es ist kosmisch-intrinsische Weisheit, die beides veranlasst. Und wenn du das erst einmal klar siehst, wirst du die offenen furchtlos durchschreiten und die verschlossenen nicht mehr mit Gewalt öffnen wollen.

27. Liebe dich nicht nur, *obwohl* du denkst, was du denkst,

sondern *dafür, dass* du denkst, was du denkst. Und wenn dir das nicht gelingt, weil du dir dabei wie ein Heuchler vorkommst, liebe dich dafür, dass du dich für einen bestimmten Gedanken oder eine bestimmte Handlung nicht lieben magst. Entscheidend bei dieser Übung ist nicht, *was* du liebst, sondern, *dass* du liebst.

28. Schau im Spiegel in deine Augen. Kannst du den Seher sehen, der in den Spiegel blickt? Oder siehst du nur ein Objekt? In diesem Fall »Augen, die gespiegelt werden«. Wenn du den Seher, der durch die Augen in den Spiegel blickt, nicht sehen kannst, beweist dies, dass der Seher nicht auffindbar ist. Du kannst also getrost aufhören, nach ihm zu suchen. Denn du wirst ihn niemals finden. Die spirituelle Suche endet in der Abwesenheit jeglicher Anwesenheit.

29. Versuche nicht, das Ego zu verlieren, sondern nimm wahr, wie es funktioniert. Das ist nicht nur amüsant, sondern höchst effizient. Insbesondere deshalb, weil dir dabei klar werden kann, dass du nicht bist, was als Ego erscheint.

30. Warum nur willst du diesen Herzschmerz loswerden? Er wird sich intensivieren, solange du ihn von dir weist. Begrüße ihn wie einen guten Freund! Und lass dich auf ihn ein. Weine, solange er – dein Freund – mit dir weinen will. Und er wird sich dabei als Freund erweisen. Denn in Wahrheit existierst nur du, du ganz allein. Und du bist weder Weinen noch Lachen. Beides generiert sich aus dem, was du in Wahrheit bist: Energie, die sich in Masse zum Ausdruck bringt.

31. Betrachte den letzten Tag im Rückblick. Lass ihn Revue passieren. Und vergleiche die Geschehnisse mit einem

nächtlichen Traum. Ereignen sich die Ereignisse denn nicht ähnlich willkürlich? Sind sie nicht oftmals ebenso absurd? Kann das Leben dann mehr als ein Traum sein, das sich ebenso träumt wie der Traum des Nachts?

32. Wie sollte Licht ohne Finsternis, Frieden ohne Krieg, Schönheit ohne Hässlichkeit, Gut ohne Böse erscheinen? Ohne diese Kontraste würde überhaupt nichts erscheinen können. Bemühe dich daher nicht um die Auslöschung der dunklen Seite in deiner Erfahrung, weil du sonst gegen Windmühlen kämpfst.

33. Erinnere dich daran, dass du sterben wirst. Nichts im Leben ist so sicher wie der Tod. Um die hypothetische Angst vor ihm zu verlieren, leg dich nackt mit dem Rücken auf den Boden, schließe die Augen, falte die Hände über dem Bauch und stell dir vor, du wärst bereits tot. Bleib liegen, mindestens 30 Minuten, besser noch 60 Minuten lang, unabhängig davon, welche Gefühle hochkommen. Halte sie aus. Lass dich nicht beirren. Womöglich bist du danach nicht nur um eine Erfahrung reicher, sondern gewiss, dass der Tod dir keine Angst machen muss.

34. Gott will nichts von dir.

35. Du kümmerst dich so lange um Gott, solange du nicht klar erkennst, dass *du* Gott bist. Gott im Fleisch allerdings und deshalb ganz und gar Mensch.

36. Gott ist weder allmächtig noch allwissend. Gott ist unbe-DING-t und im Fluss. Eine Quelle fließt und kann gar nicht anders. Das Ergebnis ist Welt. Das ist so ähnlich wie beim Bleigießen: Stets sich selbst überraschend und doch nicht anders möglich als jeweils erscheinend und daher zu 100 Prozent determiniert.

37. Lass die Welt, wie sie ist. Denn das Spiel der Dualität – Hässlich und Schön, Gut und Böse, Gerecht und Ungerecht, Arm und Reich, Fülle und Mangel, Erfolg und Misserfolg, Freude und Schmerz – wird und kann sich niemals *grundlegend* ändern. Innere Stabilität stellt sich ein, wenn sich deine Aufmerksamkeit von den Speichen des Weltenrades hin zu seiner Achse verlagert. Dort allein ist die Ruhe, die du vergeblich in der Veränderung der Lebensumstände suchst.

38. Es gibt keinen Verursacher. Nicht einmal eine erste Ursache. Die Welt hat keinen Anfang, daher endet sie auch nicht. Verstehen wirst du das nur intuitiv. Dann jedoch ohne die Spur eines Zweifels.

39. Du bist von dir enttäuscht? Warum nur? Du hast nichts getan! Du trägst das Siegel der Unfehlbarkeit! Alles geschieht – ohne dich!

40. Du hast noch nie etwas falsch, jedoch ebenso wenig je etwas richtig gemacht. Schlicht deshalb, weil »du« nie etwas machst.

41. Du kannst nirgendwo ankommen. Denn Leben ist immer nur hier. Niemals dort.

42. Gene, frühkindliche Konditionierung und äußere Umstände formen dein Schicksal. Das Gefühl, darauf Einfluss nehmen zu können, ist nur ein Gefühl. Und wenn du ihm nachgeben solltest, geschieht nur, was geschehen soll. Ob was dabei herauskommt, liegt außerhalb deiner Kontrolle.

43. Wie solltest du werden können, was du bereits bist? Bist du etwa nicht bereits das Wunderwerk Mensch, eingebettet in eine Welt, die sich als ein einziges Wunder zeigt?

44. Du willst tugendhaft sein? Was soll das denn nützen? Du bist, wie du bist. Und jeder Versuch, dich grundlegend zu ändern, wird scheitern. Der Versuch ist jedoch legitim. Schon weil die subjektive Erfahrung des Scheiterns weit mehr bringt als die Umarbeitung einer bloßen Erkenntnis.

45. Wenn du mit einem funktionierenden Phasenprüfer entdeckst, dass eine Stromleitung tot ist, brauchst du diesen Vorgang nicht zu wiederholen. Das Gleiche gilt für die Überprüfung des freien Willens. Einmal klar erkannt, dass er nicht existiert, kannst du nun tun, was immer du willst. Vorausgesetzt, dass du es kannst.

46. Vergiss im alltäglichen Leben, dass der freie Wille nicht existiert. Tu so, als wäre er real. Denn wenn du das nicht tust, wirst du dich unter Umständen wie gelähmt fühlen. Erinnere dich: »Du« tust nie etwas. Daher tu, was immer sich tun lässt.

47. Ein Leben ohne Ambivalenzen gibt es nicht. Womöglich liebst du deinen Partner und liebst ihn gleichzeitig nicht. Du magst deinen Job und verabscheust ihn dennoch. Du möchtest in einem anderen Land leben, weit weg von daheim, kannst dich jedoch nicht von deinem Heimatland trennen. Geld zu besitzen ist dir äußerst sympathisch, obgleich du es andererseits verabscheust. Hör damit auf, dich für eine Seite entscheiden zu wollen, sondern nimm einfach beide Erscheinungen wahr. Und schau, was dabei passiert.

48. Hingabe ist ein Ereignis, das du nicht dauerhaft beeinflussen kannst. Also lass die Finger davon, weil das Ergebnis in jedem Fall frustriert. Wenn dir Hingabe jedoch ein Anliegen ist, überprüfe stattdessen, ob du

Regie führst in deinem Leben. Dabei kann eigentlich nichts anderes als totale Hingabe rauskommen.

49. Wann immer du morgens vom Schlaf erwachst, nimmst du nicht nur deine Person, sondern mit ihr auch den Kontext wahr, in dem sie erscheint. Gibt's denn jemals eine Trennung zwischen Person und Kontext, in dem sie erscheint? Daher kannst du das, was du bist, niemals nur auf die Person beschränken. Was du bist, endet schließlich nicht an der Grenze deiner Haut.

50. Das, *was wahrnimmt*, ist unwandelbar. Wie das Objektiv einer Kamera ist es stets nur wahrnehmend. *Was erscheint*, ist stetem Wandel unterworfen. Doch bist du denn nur, was erscheint? Bist du nicht auch wie das Objektiv das, worin oder worauf alles erscheint? Überprüfe es, indem du darauf achtest, ob du nicht jeden Aspekt deines Seins wie ein neutraler Beobachter wahrnehmen kannst. Wenn du jeden Aspekt wahrnehmen kannst, musst du es sein, was wahrnimmt. Was solltest du sonst sein?

51. Stille ist nicht die Abwesenheit von Geräuschen, nicht einmal die von Gedanken. Stille ist die Abwesenheit eines Denkers. Den es freilich nicht gibt und niemals gab, der aber immer so tut, als wäre er der Dreh- und Angelpunkt unseres Daseins. Geht er, kommt die Stille, schon deshalb, weil sie niemals abwesend war. Nur verhindert.

52. So ist also auch all das Grausame in dieser Welt nichts als die Quelle in ihrer Manifestation? Nein, denn die Quelle ist alles andere als grausam. Was uns als grausam erscheint, ist nur die begrenzte Perspektive eines Objekts innerhalb der Objektwelt und dessen Bezeich-

nung für eine Erscheinung, die in ihrer Essenz unbedingte Liebe ist und nie etwas anderes sein kann. Wie sollte ein Objekt seine Quelle – das Subjekt aller Objekte – beurteilen können?

53. Wenn alles festgelegt ist, was in deinem Leben geschehen soll, muss auch festgelegt sein, was du willst oder nicht willst. Wenn du also etwas wollen willst oder etwas unterlassen willst, kann es nur das sein, was du zu wollen oder zu unterlassen *hast*. Und so kannst du unbesorgt wollen oder nicht wollen, was immer du willst oder nicht willst, weil du nur wollen oder nicht wollen *kannst*, was determiniert ist.

54. Dass du nicht »spürst«, dass dein Wollen oder Nichtwollen eisern festgelegt ist, ist ein genialer Trick, um dir das Gefühl zu vermitteln, in deinen Entscheidungen absolut frei zu sein. Wenn jedoch klar ist, dass du in Wahrheit nur tust, was du zu tun hast, bist du mit allem, auch mit deinen »Fehlern« im Einklang.

55. Wahrheit ist so unendlich nah, dass du sie übersiehst. Solange du erwartest, sie zu sehen oder gar zu fühlen, wirst du blind für sie sein. Denn sie ist, was du bist, und dich selbst vermagst du ebenso wenig zu sehen, wie sich der Seher selbst sehen kann.

56. Das, was wie Nicht-Liebe aussieht, ist lediglich »Liebe in ihrer Abwesenheit«. Wie sollte sie sich »anwesend« erfahren können, wenn sie nicht auch abwesend wäre? Das Spiel der Polarität ist jedoch rein hypothetisch und wirkt nur deshalb real, weil eine Geschichte, die als Märchenerzählung durchschaut wird, ihre Spannung verliert.

57. Wenn dir dein Leben und dein Erlebniskosmos wie ein

Film auf der Leinwand erschiene, dem du wie ein Kinobesucher zusehen könntest, fehlte ihm die Aktualität und Brisanz, die du als in das scheinbar reale Geschehen integrierte Person wahrnimmst. Dies ändert jedoch nichts daran, dass es sich um eine virtuelle Aufführung handelt.

58. Glücklich sein ist ein Wunsch, der uns in die Wiege gelegt ist. Doch er erfüllt sich nicht, solange wir aufs Glücklichsein fixiert sind. Wenn dir das Glücklichsein nichts mehr bedeutet, weil in deiner Wahrnehmung das, was ist, immer genau so ist, wie es sein soll, bist du jenseits von Glück und von Trauer. Und allein darin liegt wahres, unvergängliches Glück, das weder von Freude abhängig ist, noch von Schmerz beeinträchtigt werden kann.

59. Die meisten Menschen wollen Methoden, weil sie sich einfach nicht vorstellen können, dass das Leben weitaus optimaler für sich selbst sorgen kann, wenn wir es aufgeben, es mit Methoden manipulieren zu wollen. Es geht nur um eine Korrektur deiner Sichtweise.

60. Um dich selbst zu erkennen, ist alles Tun vergebliche Liebesmüh. Denn du bist nichts von dem, was du wahrnimmst, du bist, worin alles Wahrgenommene – Zeit, Raum, Form und Bewegung – erscheint.

61. Wer bin ich, wenn ich nur sein kann, in *dem* alles, selbst mein eigener Körper und jede seiner Bewegungen, erscheint? Welchen Begriff wir *dem* auch immer zuordnen würden – es wäre wiederum nur eine Erscheinung. Selbst das, was hier darüber geschrieben steht, ist nicht, was du bist, sondern lediglich ein Hinweis auf *das*, in *dem* es erscheint.

62. Welch eine Befreiung, wenn du hinter jedem Ereignis, ob Drama oder Komödie, *Liebe* in ihrem Spiel *mit sich selbst* zu sehen vermagst!

63. Wenn der physische oder psychologische Schmerz in einem Organismus überhandnimmt, unternimmt das System alles, um ihn loszuwerden. Akzeptanz bedeutet in diesem Fall nicht, den Schmerz, sondern den Ausscheidungsprozess anzunehmen. In einem von den morbiden Lehren der Religion unverdorbenen bzw. entschlackten Organismus wird ein Nein ebenso akzeptiert wie ein Ja.

64. Es gibt den individuell Handelnden nicht. Punkt. Folglich ist alles, was du denkst, fühlst und tust, nicht, was »du« denkst, fühlst und tust. Und so gibt es keinen Grund mehr, dich oder andere für das, was jeweils ist, verantwortlich oder gar schuldig zu machen. So einfach ist es, aber warum es sich einfach machen, wenn's auch kompliziert geht?

65. Akzeptanz dessen, was jeweils ist, ist keine mentale Aktivität, sondern ein innerer Zustand, der »unvermeidlich« ist, wenn die Täuschung persönlicher Täterschaft überwunden ist.

66. Wenn du das, was den gesamten Prozess spiritueller Suche initiiert und inszeniert, durchschaust, stoppt die Suche augenblicklich, und die sogenannte Welt wird als »unbedingter« Liebeszauber durchschaut, der zwar noch zu bezaubern, aber nicht mehr zu verzaubern vermag.

67. Wer ist der, welcher nach Hilfestellung, nach einer Methode, nach Lösungen sucht? Genau *der* ist das Problem! Gibst du ihm weiterhin Futter, indem du ihm

glaubst, wirst du weiterer Hilfe bedürfen. Das hört niemals auf. Wird er als das eigentliche Problem erkannt, verliert sich der Hunger von selbst, und die Suche nach mehr oder anderem, als im Augenblick da ist, hört ein für alle Mal auf!

68. Stell dir vor, du sitzt auf einem Stuhl, auf dem du sitzen »möchtest«, weil du mit dem Sitzen ein bestimmtes »Gefühl« verbindest, das du deshalb nicht hast, weil du eben immer schon auf diesem Stuhl sitzt. Was muss geschehen, damit sich dein Begehren erfüllt? Scheiß auf das Gefühl und mach dir klar: Ich sitze auf diesem Stuhl, saß da schon immer und werde folglich immer drauf sitzen.

69. Wenn das Gefühl noch vorhanden sein sollte, nicht »angekommen« zu sein, mach dir klar, dass dies genau der Eindruck ist, der jetzt sein soll. Was ist, kann nie »falsch« sein, und wenn du das bemerkst, löst sich der Eindruck, nicht angekommen zu sein, von selbst auf.

70. Was du wahrzunehmen vermagst, ist nicht ein Millionstel dessen, was es in Wahrheit bedeutet. Überlassen wir doch der Quelle, in welche Richtung sie fließt. Das ist nicht nur das Vernünftigste, was wir tun können, es ist auch das Einzige, was Frieden im Herzen bewahrt.

71. Wenn ich nur weiß: Es ist Liebe, nehme ich Veilchenduft wahr, selbst wenn es bitterkalt ist und schneit!

72. Ein »spirituelles« Ego hat kein Problem, wenn es hört, dass es sterben muss. Es wird sogar alles tun, um sich zu »töten« oder zu »opfern«, weil es sich auf diese Weise spürt und in Wahrheit am Leben erhält. Nur wenn es hört, dass es in Wahrheit gar nicht existiert und niemals etwas entschieden oder getan hat, beginnt es dagegen-

zuhalten, denn wenn die Täuschung persönlicher Täterschaft wegfällt, ist es sein sicherer Tod.

73. Klar zu sehen, dass niemand da ist, der etwas tut, bedeutet nicht, dass der scheinbare Jemand, der sein Nie-
mand-Sein sieht, frei von Irrtümern ist. Als Figur in
dem Traum, den niemand träumt, könnte er ebenso
irren wie jede andere Figur. Verlass dich auf niemand,
ist meine Empfehlung, gleichgültig, wie glaubwürdig dir
(ein) jemand erscheint.

74. Ist der irrtümliche Glaube an persönliche Täterschaft
deaktiviert, wird das bis dahin überlagerte »Urvertrauen« erscheinen, und Glaubenssätze werden so unnötig wie ein Kropf. Setze den Hebel da an, wo der Stein
in Bewegung gerät, ansonsten ist all deine Mühe letztlich umsonst.

75. Jedes spirituelle Konzept, das dir in irgendeiner Form
suggeriert, du müsstest etwas erlangen, was du jetzt
noch nicht bist oder hast, verhindert den bereits vorhandenen Frieden und vermittelt genau das Gegenteil.

76. Es gibt Leute, die sich darum bemühen, ihr Ego zu trans-
formieren oder gar zu vernichten. Dies gleicht dem Versuch, stumm zu schreien. Solange ein Körper existiert,
existiert auch ein Ego. In manchen Egos wird der Eindruck persönlicher Täterschaft zerstört, in anderen
bleibt er bestehen. Letztere sind es, die sich um Transformation oder Vernichtung bemühen, schlicht, weil
sie glauben, sie wären als Handelnde existent.

77. Kein Zweifel, bedingte Liebe ist ein Gefühl, und es ist
wundervoll! Genieße es, wenn es sich einstellen sollte!
Unbedingte Liebe ist kein Gefühl, sie ist, was wir in
Wahrheit sind, und wird daher nicht erfahren. Befreit

von der Täuschung, dass sie erfahren werden könnte oder müsste, erscheint sie in allem und als alles, was ist.

78. Erst wenn du sehen kannst, dass sich hinter »jeder« Erscheinung Liebe verbirgt, die nicht etwa mit uns, sondern mit »sich selbst« spielt, wirst du akzeptieren können, was ist. Ansonsten wird dir die Welt wie Woody Allen als »Jammertal« erscheinen – es sei denn, du wärst ein Ignorant.

79. Lieben, was ist, wie es ist, lässt sich nicht als Methode missbrauchen, um das, was ist, »positiv« zu verändern. Wer das versucht, wird enttäuscht. Lieben, was ist, wie es ist, zerstört vielmehr das dualistische Denken, das auch die Kategorien positiv und negativ umfasst.

80. Wenn sich jemand von dir abwendet, ist dies immer zu deinem Besten, auch wenn es »menschlich betrachtet« als Verlust erscheint und im Moment traurig macht. Glaubst du ernsthaft, Liebe, die du in Wahrheit bist, könnte sich in einer ihrer Kreationen etwas zufügen, was nicht Liebe ist? Am Ende jeden Daseins tötet sie sogar jeden Organismus, in dem sie erscheint, und gibt ihn den Insekten oder dem Feuer zum Fraß. Aus Liebe natürlich, denn sie kommt dabei nicht um, nur das, in dem sie sich nicht mehr zum Ausdruck bringen kann.

81. Nonduales Bewusstsein zerstört jeden Glauben, denn Glaube ist nichts anderes als ein Halteseil des Ego, das ihm hilft, an seiner virtuellen Existenz festzuhalten und den Sturz in den Abgrund seiner Nichtexistenz zu vermeiden.

82. Manche Leute verstehen nicht, dass lediglich »Klarheit« oder »Bewusstsein« ihre Probleme auf einen Schlag lösen soll. Nun, dann gebe ich dir ein Beispiel: Stell dir

vor, ein Richter verurteilt dich, und man steckt dich daraufhin mit dem Urteilsspruch »Lebenslänglich« ins Gefängnis. Während du einsam und verzweifelt in der Zelle sitzt, wird dir plötzlich klar: Das alles ist nur ein Traum! Was meinst du: Sollte diese Luzidität (lat. Klarheit) nicht all deine Probleme auf einen Schlag lösen?

83. Zu lieben, was ist, und sei es das Empfinden, es nicht lieben zu können, ist das einfachste Konzept, um schließlich nicht mehr nicht lieben zu können, was ist.

84. Was für eine Erleichterung, wenn der Lenker eines Fahrzeugs erkennt, dass all seine Bemühungen, es »auf Kurs« zu halten, virtuell waren, weil es von einem Autopiloten gelenkt wird. Deine Bewegungen geben dir nur das Gefühl, der Lenker zu sein. Es gibt daher nichts, was du tun müsstest, und ebenso nichts, was du nicht tun könntest. Das Ergebnis ist immer das Gleiche.

85. Wann fasziniert uns ein Illusionist? Wenn uns das Ergebnis seiner Magie so real erscheint, als wäre es keine. Wenn du davon überzeugt bist, die Welt sei real, bist du noch unter dem Zauberbann der Meisterzauberin »Liebe«. Entzaubert sie sich, siehst du nur noch unbedingte *Liebe* in ihrem uns magisch anmutenden Wechselspiel.

86. Freier Wille? Dass ich nicht lache! Kannst du nur eine Stunde lang jeden Augenblick tun, was du für optimal hältst? Überprüfe es und dann – lach mit mir!

87. Versuche einen Tag lang, niemandem einen Vorwurf zu machen. Weder dir noch einem anderen. Weder gedanklich noch in Worten. Wenn du es nicht schaffst, mach dir keinen Vorwurf. Denn »du« hast es nicht nur heute, sondern schon immer geschafft, niemand einen

Vorwurf zu machen. Schlicht deshalb, weil es dich als Denker deiner Gedanken nicht gibt.

88. Wann ist das Ego »gestorben«? Wenn es nicht mehr glauben kann, dass es eigene Entscheidungen trifft und eigenmächtig handelt. Was du darüber hinaus über Egoauflösung hörst, dient lediglich dazu, die Täuschung aufrechtzuerhalten, dass es unabhängig oder getrennt von der Quelle existiert bzw. Entscheidungen trifft.

89. Man mag bedauern, dass Menschen sich lieber hinters Licht führen lassen, als sich der Wahrheit zu stellen. Aber ich sehe es anders. Ich bewundere die Genialität, mit der sie sich in den meisten Menschen zu verbergen weiß, um ihr Versteckspiel spielen zu können.

90. Alles muss durchlebt werden, bis sich schließlich die Erkenntnis einstellt, dass wir lediglich »erträumte Figuren« sind, und wir das Theater durchschauen, das da mit uns gespielt wird. Dann ist das, was ist, einfach nur das, was sein will, ob schmerzhaft oder beseligend, und es ist völlig egal, wie die Story verläuft.

91. Ja, du bist unüberwindbar! Nicht weil du niemals zu Boden geworfen werden könntest, sondern weil du selbst im Dreck liegend nicht mehr glauben magst, dass dein jeweils gegenwärtiger Zustand getoppt werden könnte.

92. Frei von Ärger möchtest du werden? Ein sinnloses Unterfangen! Und schädlich dazu. Nichts, was in deiner Erfahrung erscheint, kommt anderswoher als aus der Quelle. Bist du dessen gewiss, ist Ärger ein spontanes Geschehen, und er verschwindet ebenso schnell, wie er auftaucht. Intensität und Dauer verleiht ihm nur der Gedanke, dass er nicht sein darf oder soll.

93. Hast du vordem schon einmal gelebt? Nicht nur ein-

mal, unzählige Male! Du warst alles, was war. Du bist alles, was ist. Du wirst alles sein, was noch werden wird. Nicht als der Körper, den du »meinen« Körper nennst, er ist einmalig, sondern als die eine Energie, die alle Körper durchströmt.

94. So etwas wie ein verpfuschtes Leben gibt es nicht. Oder glaubst du ernsthaft, dass Gott ein Idiot ist, der nicht weiß, was er tut oder unterlässt?

95. Solltest du gerade etwas erfahren, das du als Mangel, Schicksalsschlag, Defizit, Schmerz, Angst, Dunkelheit empfindest, ist es Liebe, die sich als Ungeheuer maskiert. Manchmal muss Liebe dir als Scheusal erscheinen, damit du auf die Essenz aller Dinge aufmerksam wirst. Denn umarmst du das »Scheusal« am Ende, anstatt dich entsetzt von ihm abzuwenden, nimmt es die Maske ab, und du wirst nur Liebe sehen, denn Liebe ist die Essenz *aller* Dinge.

96. Tue, was immer du meinst tun zu müssen, denn selbst wenn es »falsch« ist, ist es genau das, was durch dich geschehen soll. Fehler kannst du nur auf der relativen Ebene machen, auf der absoluten Ebene ist alles immer perfekt.

97. Gedanken sind nicht die Wirklichkeit, sie »beschreiben« oder »überschreiben« sie vielmehr. *Beschreibende* Gedanken nenne ich funktional, und sie sind nützlich und unentbehrlich. Überschreibende nenne ich rotierend (um die eigene Achse drehend), und sie werden, sind wir in die Rotation involviert, zum »einzigen« Problem, das ein Mensch haben kann. Selbst eine Bombe ist nicht problematisch, wenn niemand da ist, der Angst vor ihr hat.

98. Es gibt nichts, was im Augenblick problematisch ist, wenn das, was ist, nicht als problematisch empfunden wird. Selbst Zahnweh – und dieser Schmerz kann höllisch sein – ist einfach das, was ist, und kein Problem, wenn der Gedanke, dass das, was ist, *anders* sein müsste, als es ist, keine Wirksamkeit entfalten kann. Hier und nur hier ist der Schlüssel zu einem »unproblematischen« Leben. Nicht darin, die sogenannten Probleme zu lösen. Wer das versucht, kämpft gegen Windmühlen.

99. Fatalismus ist, wenn du dir auf die linke Backe schlagen lässt, nachdem man dir auf die rechte schlug. Vom Eindruck persönlicher Täterschaft befreit bist du, wenn du den Angreifer kampfunfähig machst, ohne glauben zu können, dass er oder du irgendetwas tut oder getan hat.

100. Stell dir vor, irgendjemand sagt »arrogantes Arschloch« zu dir, und dir ist bewusst, dass »er« nichts, aber auch gar nichts gesagt hat. Wärst du zu einer anderen Reaktion fähig, als lauthals zu lachen?

Zum Ende ein Angebot

Weil das Lesen eines Buches nicht immer als ausreichend empfunden wird, um in die Wirklichkeit bzw. den Spirit des Geschrieben zu gelangen, biete ich zusätzlich einen Dienst an, der aus vier Formaten besteht.

1. Den bereits erwähnten ONLINE-DIENST meiner fast täglich erscheinenden Texte, die berühren, erfreuen, amüsieren, erheitern, motivieren, provozieren, nähren, klären, desillusionieren, stabilisieren, vor allem aber verweisen sie auf die absolute Wahrheit und erinnern daran, was der Mensch und die Welt wirklich sind.

2. Die MINDCRASH-EVENTS: Sie finden in der Regel in Süddeutschland im Rhythmus von ca. 6 Wochen statt. In Österreich und der Schweiz jeweils einmal pro Jahr. Die genauen Termine findest du auf meiner Website.

3. EINZEL-SESSION: Insbesondere für alle Menschen geeignet, die ein spezielles Anliegen haben, das sie im Einzelgespräch erörtern möchten. Ob mehrere Sessions notwendig werden, entscheidet sich nach der ersten. Sie finden immer in meinem Atelier in 74336 Brackenheim-Stockheim statt. Du musst mich aber nicht zwingend persönlich besuchen. Wir können auch skypen.

4. WEBINARE sind ebenfalls in Planung.

Alle relevanten Informationen findest du auf meiner Website www.wernerablass.de.

Unsere Leseempfehlung

160 Seiten
Auch als E-Book
erhältlich

„Leben im Jetzt" zeigt Ihnen, wie Sie aus dem permanenten Gedankenkino aussteigen und festgefahrene Verhaltensmuster ablegen können. Es präsentiert in gestraffter und überarbeiteter Form die Essenz aus „Jetzt! Die Kraft der Gegenwart". Der Weg ins Jetzt führt über die „unparteiische" Beobachtung unserer mentalen Vorgänge. Hierdurch wird uns bewusst, dass wir mehr sind als unsere Gedanken und psychologischen Reaktionen. Wir realisieren, dass wahrhaft Großes wie Liebe, Schönheit, Kreativität, Freude und innerer Friede einem Bereich jenseits unseres begrenzten Verstandes und unserer Persönlichkeit entstammen. Alte Probleme beginnen sich zu lösen, Leichtigkeit und Freude stellen sich ein, das Leben gelingt.

Unsere Leseempfehlung

320 Seiten

Die Bhagavadgita gilt als das grundlegende mystischspirituelle Werk der Inder. Entstanden vor Tausenden von Jahren, diskutiert und kommentiert die Gita grundlegende Seinsfragen wie Liebe, Freundschaft, Tod, Sinn und Ziel des Lebens und den Zyklus der Wiedergeburten. Easwaran schafft den Zugang zu diesem Werk von seiner historischen Bedingtheit her, aber er erschließt auch die universelle Gültigkeit und Zeitlosigkeit seiner Lehren.

www.goldmann-verlag.de
www.facebook.com/goldmannverlag

GOLDMANN
Lesen erleben

Um die ganze Welt des GOLDMANN
Body, Mind & Spirit Programms
kennenzulernen, besuchen Sie uns doch
im Internet unter:

www.goldmann-verlag.de

Dort können Sie
nach weiteren interessanten Büchern *stöbern*,
Näheres über unsere *Autoren* erfahren,
in *Leseproben* blättern, alle *Termine* zu Lesungen und
Events finden und den *Newsletter* mit interessanten
Neuigkeiten, Gewinnspielen etc. abonnieren.

Ein *Gesamtverzeichnis* aller Goldmann Bücher finden
Sie dort ebenfalls.

Sehen Sie sich auch unsere *Videos* auf YouTube an und
werden Sie ein *Facebook*-Fan des Goldmann Verlags!

www.goldmann-verlag.de
www.facebook.com/goldmannverlag

GOLDMANN
Lesen erleben